動学的最適所得税論

古谷泉生 著

九州大学出版会

目 次

第 1 章　本書の目的と構成　　1
　1.1　目的 1
　　1.1.1　均衡間の比較による分析 2
　　1.1.2　移行経路を含めた分析 4
　　1.1.3　開ループ 7
　　1.1.4　閉ループ 9
　1.2　構成 11
　　1.2.1　第 2 章　動学的最適所得税論 11
　　1.2.2　第 3 章　無税国家政策の数値解析 ... 14
　　1.2.3　第 4 章　課税政策の動学ゲーム 16
　　1.2.4　第 5 章　資産格差, 資本所得税 18
　　1.2.5　第 6 章　最適所得税論 20

第 2 章　動学的最適所得税論　　23
　2.1　はじめに 23
　2.2　モデル 25
　2.3　数値解析 29
　2.4　分析 34
　2.5　まとめ 43
　2.6　補論 44

第3章	無税国家政策の数値解析	47
3.1	はじめに	47
3.2	先行研究	49
3.3	モデル	51
3.4	数値解析	60
	3.4.1　time elimination method	61
	3.4.2　繰り返し	63
	3.4.3　増税期間における移行経路	63
	3.4.4　分岐	63
	3.4.5　無税期間の移行経路	64
3.5	分析	65
3.6	まとめ	76

第4章	課税政策の動学ゲーム	79
4.1	はじめに	79
4.2	先行研究	80
4.3	モデル	82
	4.3.1　開ループ	84
	4.3.2　閉ループ	86
4.4	数値解析	87
	4.4.1　アルゴリズム	90
4.5	分析	93
4.6	まとめ	97

第5章	資産格差, 資本所得税	99
5.1	はじめに	99
5.2	先行研究	101
5.3	モデル	102
5.4	数値解析	107

	5.4.1 マクロ	109
	5.4.2 ミクロ	110
5.5	分析	112
	5.5.1 マクロ	113
	5.5.2 ミクロ	121
5.6	まとめ	126

第6章 最適所得税論　127

6.1	はじめに	127
6.2	誘因整合制約	129
6.3	モデル	133
6.4	数値解析	136
6.5	先行研究	139
	6.5.1 Mirrlees(1971)	140
	6.5.2 Stern(1976)	141
	6.5.3 Tuomala(1984)	143
	6.5.4 Kanbur and Tuomala(1994)	146
6.6	分析	148
	6.6.1 線形近似性	148
	6.6.2 所得補償政策	151
6.7	まとめ	154

あとがき	155
関連図書	157
索　引	163

表目次

1.1	分析の枠組み	2
1.2	Lucas(1990)	3
1.3	Chamley(1981)	5
1.4	King and Rebelo(1990)	6
1.5	Gruner and Heer(2000)	7
1.6	Coleman(2000)	10
1.7	本書の構成	12
1.8	Lucas(1990)	13
1.9	資産格差が存在する場合	18
2.1	パラメータの仮定	35
2.2	均衡間の比較による分析	36
2.3	パラメータを変更した場合	37
2.4	移行経路を含めた上での分析	40
2.5	パラメータを変更した場合	42
2.6	動学的税収中立的税制改革	44
3.1	Coleman(2000)	50
3.2	パラメータの仮定	66
3.3	無税国家政策	70
3.4	パラメータを変更した場合	71
3.5	逆無税国家政策	74

4.1	パラメータの仮定	94
5.1	パラメータの仮定	113
5.2	均衡間の比較による分析	117
5.3	移行経路を含めた上での分析	118
5.4	パラメータの仮定を変更した場合	119
5.5	均衡間の比較による分析	123
5.6	移行経路を含めた分析	124
5.7	パラメータを変更した場合	125
6.1	Mirrlees(1971)	140
6.2	Stern(1976)	142
6.3	Tuomala(1984)	144
6.4	Kanbur and Tuomala(1994)	147
6.5	Tuomala(1984)	150
6.6	2次関数	152
6.7	所得補償政策を与件とする場合	152
6.8	社会的厚生関数	153

図 目 次

1.1	税制改革の位相図	4
1.2	最適課税政策（開ループ）	8
1.3	資本の移行経路（無税国家政策）	14
1.4	資本所得税の移行経路	17
1.5	Mirrlees(1971)	21
2.1	税制改革による移行経路	32
2.2	消費の移行経路	39
2.3	資本人的資本比率 (y) の移行経路	39
2.4	労働供給の移行経路	39
3.1	消費, 資本の位相図	55
3.2	増税期間	56
3.3	無税期間	59
3.4	消費の移行経路（無税国家政策）	67
3.5	資本の移行経路（無税国家政策）	68
3.6	国債の累積額の移行経路（無税国家政策）	70
3.7	消費の移行経路（逆無税国家政策）	72
3.8	資本の移行経路（逆無税国家政策）	72
3.9	国債の移行経路（逆無税国家政策）	74
4.1	評価関数の自己生成	88

4.2	評価関数の収束	89
4.3	評価関数の離散化	90
4.4	ステップ2	91
4.5	評価関数 $V(k)$	95
4.6	消費の政策関数 $con(k)$	95
4.7	課税後の利子率の政策関数 $R(k)$	95
4.8	資本の移行経路	96
4.9	資本所得税の移行経路	96
4.10	資本所得税の移行経路	96
5.1	消費の移行経路	115
5.2	資本の移行経路	115
5.3	課税後の利子率の移行経路	116
5.4	賃金の移行経路	116
5.5	第1個人の消費の移行経路	120
5.6	第2個人の消費の移行経路	120
5.7	第1個人の所得の移行経路	122
5.8	第2個人の所得の移行経路	122
6.1	課税計画	130
6.2	実現不可能な課税計画	131
6.3	実現可能な課税計画	132
6.4	Mirrlees(1971) ケース1	141
6.5	Tuomala(1984) ケース1	145
6.6	Kanbur and Tuomala(1994) ケース2	147
6.7	Mirrlees(1971) ケース1	149
6.8	Tuomala(1984) ケース2	149

第1章　本書の目的と構成

1.1　目的

　本書の目的は，動学的一般均衡理論の枠組みで，資本所得税の社会的厚生に及ぼす効果について考察することである。この分野の先行研究は，4つの枠組みに分けることができる。第1の分析の枠組みは，均衡間の比較による分析である。均衡間の比較による分析とは，税制改革前の定常均衡と税制改革後の定常均衡を比較することにより，税制改革の効果を評価する分析である。第2の分析の枠組みは，移行経路を含めた分析である。移行経路を含めた分析とは，税制改革前の定常均衡と税制改革後の移行経路を比較することにより，税制改革の効果を評価する分析である。均衡間の比較による分析，移行経路を含めた分析が，税制改革後の税率を一定としているのに対して，他の2つの枠組みは，税制改革後の税率の変更を許容し，さらに，それらは，将来の課税政策を拘束できるかどうかで2つに分けられる。第3の分析の枠組みは，開ループである。開ループとは，将来の課税政策を拘束できる場合について分析する枠組みである。第4の分析の枠組みは，閉ループである。閉ループとは，将来の課税政策を拘束できない場合について分析する枠組みである。本書では，それぞれの枠組みに沿って，資本所得税の社会的厚生に及ぼす効果について分析する。

表 1.1: 分析の枠組み

分析の枠組み	厚生の尺度	税率の変更	将来の課税政策
均衡間の比較による分析	均衡間の比較	できない	拘束できる
移行経路を含めた分析	移行経路を含む	できない	拘束できる
開ループ	移行経路を含む	できる	拘束できる
閉ループ	移行経路を含む	できる	拘束できない

1.1.1 均衡間の比較による分析

　均衡間の比較による分析とは, 税制改革前の定常均衡と税制改革後の定常均衡を比較することにより, 税制改革の効果を評価する分析である。代表的な先行研究として, Lucas(1990) がある。Lucas(1990) は, 税制改革前の定常均衡と税制改革後の定常均衡を比較するシミュレーションにより, 表 1.2 に示されるような結論を導いている (現行税制は, 資本所得税率は 36%, 労働所得税率は 40% と仮定している)。表 1.2 の第 1 列は, 税制改革後の資本所得税率を示し, 第 2 列は, 税制改革後の労働所得税率を示し, 第 3 列は, 税制改革前の定常均衡における消費を基準として, 税制改革後の定常均衡における消費を比較し, 第 4 列は, 税制改革前の定常均衡における労働供給を基準として, 税制改革後の定常均衡の労働供給を比較し, そして, 第 5 列は, 税制改革前の定常均衡における代表的個人の経済的厚生を基準として, 税制改革後の定常均衡における代表的個人の経済的厚生を比較したものである。表 1.2 から導かれる結論を整理すると, 以下のようになる。第 1 に, 資本所得税を廃止して, 労働所得税のみによりファイナンスする税制改

表 1.2: Lucas(1990) （単位は %）

資本所得税	労働所得税	消費	労働供給	経済的厚生
0	46	4.2	-2	5.5
5	45	4.1	-1.6	5.1
10	45	3.8	-1.3	4.6
15	44	3.4	-1	4
20	43	2.9	-0.7	3.3
25	42	2.2	-0.5	2.5
30	41	1.4	-0.2	1.5
36	40	0	0	0

出所　Lucas(1990)

革が, 代表的個人の経済的厚生を最大化する。第2に, この税制改革の代表的個人の経済的厚生に与える効果は,5.5% と大きい。

ただし, 均衡間の比較による分析は, 税制改革の効果を評価する正確な分析ではない。図1.1 は, 税制改革の効果を示した位相図である。図1.1 の横軸は資本を示し, 縦軸は消費を示している。A 点は税制改革の定常均衡, そして,C 点は税制改革後の定常均衡を示している。税制改革後,A 点から C 点へとすぐに到達するわけではない。税制改革後,B 点へジャンプした後,B 点から C 点への移行経路を通り,C 点に到達する。税制改革前の定常均衡と税制改革後の定常均衡を比較する分析は, 移行経路を無視して分析するため, 正確な分析ではない。税制改革の効果を正確に分析するためには, 移行経路を含めた上で分析する必要がある。

図 1.1: 税制改革の位相図

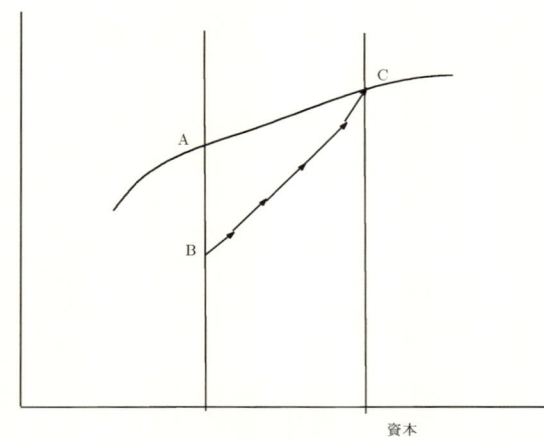

A 点は税制改革前の定常均衡を示し、そして,C 点は税制改革後の定常均衡を示している。税制改革後,B 点へジャンプした後,B 点から C 点への移行経路を通り,C 点に到達する。

1.1.2 移行経路を含めた分析

　均衡間の比較による分析は、税制改革の効果を正確に評価する分析ではない。税制改革の効果を正確に評価するためには、移行経路を含めた上で分析する必要がある。移行経路を含めた分析の代表的な先行研究として,Chamley(1981),King and Rebelo(1990),Gruner and Heer(2000) 等がある。Chamley(1981) は、税制改革の効果を移行経路を含めた上で分析した最初の研究である。表 1.3 は,Chamley(1981) の分析結果を整理したものである。ある税率で定常均衡にある経済の資本所得税を廃止する税制改革が、代表的個人の経済的厚生に与える効果を移行経路を含めた上で分析したものである。表 1.3 の第 1 列は、税制改革前の資本所得税率を示し、そして、第 2 列は、資本所得税廃止

表 1.3: Chamley(1981)（単位は %）

資本所得税	経済的厚生
10	0.0625
20	0.2908
30	0.7722
40	1.6528
50	3.1925

出所　Chamley(1981)

前の定常均衡の代表的個人の経済的厚生を基準として，資本所得税廃止後の代表的個人の経済的厚生を比較したものである。表 1.3 より導かれる結論を整理すると，以下のようになる。第 1 に，資本所得税の廃止の代表的個人の経済的厚生に与える効果は小さい。第 2 に，資本所得税の代表的個人の経済的厚生に与える効果は，税率に関して逓増する。

King and Rebelo(1990) は，(1) 外生的成長モデル，(2)AK モデル，(3) 2 部門内生的成長モデルの 3 つのモデルに関して，税制改革の代表的個人の経済的厚生に与える効果を移行経路を含めた上で分析するシミュレーションを提示している。表 1.4 は，各モデルについて，資本所得税率を 20% から 30% に変更する税制改革が，代表的個人の経済的厚生に与える効果を移行経路を含めた上で分析したものである。表 1.4 の第 1 列は，税制改革前の定常均衡における消費を基準として，税制改革後の消費の初期点を比較したものである。第 2 列は，税制改革前の成長率を基準として，税制改革後の成長率を比較したものである。第 3 列は，税制改革前の代表的個人の経済的厚生を基準として，税制改革後の代表的個人の経済的厚生を比較したものである。表 1.4 から

表 1.4: King and Rebelo(1990) （単位は %）

	初期時点の消費の増減	成長率の増減	厚生上の増減
外生的成長モデル	6.6	0	-1.6
AK モデル	36.2	-1.63	-65.4
2部門内生的成長モデル	33.8	-1.52	-62.7

出所　King and Rebelo(1990)

　導かれた結論を整理すると,以下のようになる。税制改革が成長率に影響しない(1)外生的成長モデルの場合には,税制改革の代表的個人の経済的厚生に与える効果は小さい。それに対して,税制改革が成長率に影響する(2)AKモデル,(3)2部門内生的成長モデルの場合には,税制改革の代表的個人の経済的厚生に与える効果は大きい。

　Gruner and Heer(2000)は,Lucas(1990)のモデルを移行経路を含めた上で分析するシミュレーションを提示している。分析結果を整理すると,以下のようになる。第1に,均衡間の比較による分析の場合には,資本所得税を廃止して,労働所得税のみによりファイナンスする税制改革が,代表的個人の経済的厚生を最大化するのに対して,移行経路を含めた分析の場合には,上記の税制改革は,代表的個人の経済的厚生を悪化させる。第2に,均衡間の比較による分析の場合と比較すると,移行経路を含めた上で分析する場合には,税制改革の代表的個人の経済的厚生に与える効果は小さい。また,Gruner and Heer(2000)と同様に,内生的成長モデルにおいて,税制改革の効果を移行経路を

表 1.5: Gruner and Heer(2000)(単位は %)

資本所得税	成長率
0	1.445
10	1.460
20	1.476
30	1.491
40	1.507
50	1.523

出所　Gruner and Heer(2000)

資本所得税率と定常均衡における成長率との関係を示したものである。第1列は，資本所得税率を示し，そして，第2列は，税制改革後の定常均衡における成長率を示している。

含めた上で分析する King and Rebelo(1990) と比較した場合においても，税制改革の効果は非常に小さい。これは，King and Rebelo(1990) のモデルが，税制改革が成長率に大きく影響するのに対して，表1.5に示されているように，Gruner and Heer(2000) のモデルが税制改革の成長率に与える影響が小さいことに由来する。

1.1.3　開ループ

開ループとは，税制改革後の税率の変更を許容し，かつ，将来の課税政策を拘束できる場合において，社会的厚生を最大化する課税政策を分析する枠組みである。代表的な先行研究として，Chamley(1986),Jones, Manuelli and Rossi(1993),Coleman(2000) 等がある。Chamley(1986) は，労働供給が弾力的な場合において，資本所得税と労働所得税によりファイナンスする経済において，以下の2つの定理が成立すること

figure 1.2: 最適課税政策（開ループ）

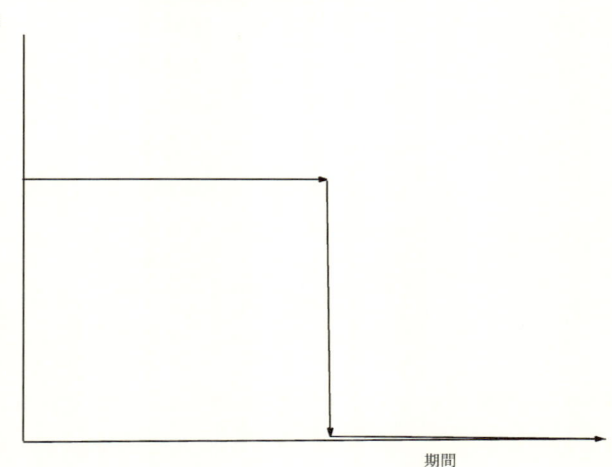

を証明した。定理1では，定常均衡において，資本所得税を廃止する課税政策が，代表的個人の経済的厚生を最大化する課税政策であることを証明した。定理2では，図1.2のように，一定期間の増税期間（できる限り高い税率で）を置いた後，資本所得税を廃止する課税政策が，代表的個人の経済的厚生を最大化する課税政策であることを証明した。Atkeson, Chari and Kehoe(1999) は，Chamley(1986) の定理1について，いくつかの拡張をおこなっている。タイプの異なる個人により構成される経済においても，定常均衡において，資本所得税を廃止する課税政策が社会的厚生を最大化する（定理4）。内生的成長モデルにおいても，定常均衡において，資本所得税を廃止する課税政策が，代表的個人の経済的厚生を最大化する（定理5）。Jones, Manuelli and Rossi(1993) は，内生的成長モデルにおいて，代表的個人の経済的厚生を最大化する課税政策を求めるシミュレーションを提示している。第1のモデルである労働供給が非弾力的な場合には，資本所得税，労働所得税ともに一定期間の増税期間を置いた後，資本所得税，労働所得税と

もに廃止する課税政策が，代表的個人の経済的厚生を最大化する課税政策であることを示した。第2のモデルである労働供給が弾力的な場合にも，資本所得税，労働所得税ともに，なだらかに税率を低下させていき，資本所得税，労働所得税を廃止する課税政策が，代表的個人の経済的厚生を最大化する課税政策であることを示した。第3のモデルである公的資本が生産に影響を及ぼす場合には，定常均衡において，資本所得税が正となる課税政策が，代表的個人の経済的厚生を最大化する課税政策であることを示した。Coleman(2000) は,Chamley(1986) の定理2を支持するシミュレーションを提示している。表1.6は，税率の上限がある場合の代表的個人の経済的厚生を最大化する課税政策の資本所得税と労働所得税の移行経路を示したものである。表1.6より導かれる結論を整理すると，以下のようになる。税率の上限を100%とする場合には，資本所得税率を100%とする増税する一定期間を置いた後，資本所得税を廃止する課税政策が，代表的個人の経済的厚生を最大化することを示した。そして，税率の上限を50%とする場合には，資本所得税率を50%とする増税する一定期間を置いた後，資本所得税を廃止する課税政策が，代表的個人の経済的厚生を最大化することを示している。

1.1.4 閉ループ

将来の課税政策を拘束できる場合（開ループ）には，定常均衡において，資本所得税を廃止する課税政策が，代表的個人の経済的厚生を最大化することを示しているが，この課税政策の実行可能性については疑問が残る。現実の政府は，過去に取り決められた課税政策に拘束されず，それぞれの時点において，社会的厚生を最大化する課税政策を選択するだろう。閉ループとは，将来の課税政策を拘束できない場合において，いかなる課税政策が，動学的整合的課税政

表 1.6: Coleman(2000)（単位は %）

	１年目	２年目	５年目	無限年
税率の上限 100%				
資本所得税	100	100	100	0
労働所得税	1	12	37	39
税率の上限 50%				
資本所得税	50	50	50	0
労働所得税	19	23	32	45

出所　Coleman(2000)

策であるのかについて分析する枠組みである。閉ループの先行研究として, Fischer(1980)[1], Kydland and Prescott(1980)[2], Kemp, Long and Shimomura(1993), Benhabib and Rustichini(1997), Phelan and Stacchetti(1999) 等がある。Kemp, Long and Shimomura(1993) は, 資本家と労働者により構成される２人経済において, 将来の課税政策を拘束できる場合（開ループ）には, 定常均衡において, 資本所得税を廃止する課税政策が, 社会的厚生を最大化することを示すと同時に, 将来の課税政策を拘束できない場合（閉ループ）には, その課税政策が, 動学的整合的課税政策ではないことを示している。Benhabib and Rustichini(1997) は, 労働供給が弾力的な場合において, 代表的個人の経済的厚生を最大化する資本所得税と労働所得税の組み合わせについて考察している。将来の課税政策を拘束できる場合（開ループ）には, 定常均衡において, 資本所得税を廃止して, 労働所得税のみにより

---

[1] Fischer(1980) は, 政府支出を資本所得税と労働所得税によりファイナンスする２期間モデルを例に, 開ループと閉ループの不一致を指摘している。

[2] Kydland and Prescott(1980) は, 開ループと閉ループの不一致の本質が, 消費が準状態変数であることに由来すると指摘している。

ファイナンスする課税政策が，代表的個人の経済的厚生を最大化することを示すと同時に，将来の課税政策を拘束できない場合（閉ループ）には，上記の課税政策の動学的非整合性を指摘している。Kemp, Long and Shimomura(1993), Benhabib and Rustichini(1997) は，開ループと閉ループの不一致を指摘しているが，具体的に，いかなる課税政策が，動学的整合的課税政策であるのかを示していない。Phelan and Stacchetti(1999) は，Abreu, Pearce and Stacchetti(1990) の提案した再帰的手法 (Recursive Method) を利用して，動学的整合的課税政策を具体的に計算することを試みている。

1.2　構成

本書では，上記のそれぞれの枠組みに沿って，資本所得税の社会的厚生に及ぼす効果について分析する。第2章「動学的最適所得税論」では移行経路を含めた分析，第3章「無税国家政策の数値解析」では開ループの枠組みによる分析，第4章「課税政策の動学ゲーム」では閉ループの枠組みによる分析，そして，第5章「資産格差，資本所得税」では移行経路を含めた分析をおこなう。ちなみに，関連論文が，共同論文である場合の取り扱いであるが，筆者の責任において，全面的に書き改めたものを本書に掲載した。

1.2.1　第2章　動学的最適所得税論

Lucas(1990) は，税制改革前の定常均衡と税制改革後の定常均衡を比較する均衡間の比較による分析から，以下のような結論を導いている。第1に，資本所得税を廃止して，労働所得税のみによりファイナンスする税制改革が，代表的個人の経済的厚生を最大化する。第2に，上記の税制改革の代表的個人の経済的厚生に与える効果は非常に大き

表 1.7: 本書の構成

章題	関連論文	掲載雑誌名等	分析の枠組
第2章 動学的最適所得税論	田近栄治, 古谷泉生「動学的最適資本所得税」	『経済研究』52巻1号（2001年1月）	移行経路
第3章 無税国家政策の数値解析	古谷泉生「資本所得税の導入のタイミングと経済厚生」	『一橋論叢』124巻6号（2000年12月）	開ループ
第4章 課税政策の動学ゲーム	古谷泉生「課税政策の動学ゲーム」	財務省財務総合政策研究所DP（2003年12月）	閉ループ
第5章 資産格差, 資本所得税	古谷泉生「最適線形資本所得税」	未公表論文	移行経路
第6章 最適所得税論	田近栄治, 古谷泉生「日本の所得税」	『フイナンシャルレヴュー』53号（2000年4月）	

い。均衡間の比較による分析により，上記のような結論を導いていいのだろうか。税制改革後，旧来の定常均衡から，直ちに，新たな定常均衡に到達するわけではない。長い移行経路を経て，新たな定常均衡へと到達する。均衡間の比較による分析の場合，長い移行経路を無視して，税制改革を評価するため，正確な分析とはいえない。税制改革を正確に評価するためには，移行経路を含めた上で，税制改革の効果を評価する必要がある。

表 1.8: Lucas(1990) (単位は %)

資本所得税	労働所得税	均衡間の比較	移行経路を含む
0	46.2	5.476	0.84
5	45.4	5.083	0.94
10	44.5	4.598	0.99
15	43.6	4.009	0.98
20	42.8	3.301	0.89
25	41.9	2.457	0.72
30	41	1.5	0.45
36	40	0	0

出所　筆者計算

　第 2 章「動学的最適所得税論」では, Gruner and Heer(2000) と同様に, Lucas(1990) のモデルを税制改革後の移行経路を分析対象に含めたシミュレーションモデルにより分析する。表 1.8 は, 第 2 章の導いた結論を整理したものである。表 1.8 の第 1 列は, 税制改革後の資本所得税率, 第 2 列は, 税制改革後の労働所得税率, 第 3 列は, 税制改革の効果を均衡間の比較により分析したものである。現行税制 (資本所得税率は 36%, 労働所得税 40%) における定常均衡における代表的個人の経済的厚生を基準として, 税制改革後の定常均衡における代表的個人の経済的厚生を比較したものである。そして, 第 4 列は, 税制改革の効果を移行経路を含めた上で分析したものである。現行税制における定常均衡における代表的個人の経済的厚生を基準として, 税制改革後の代表的個人の経済的厚生を比較したものである。第 2 章の導いた結論を整理すると, 以下のようになる。第 1 に, 均衡間の比較による分析の場合には, 資本所得税を廃止して, 労働所得税のみによりファイナンスする税制改革が, 代表的個人の経済的厚生を最大化するのに対

図 1.3: 資本の移行経路（無税国家政策）

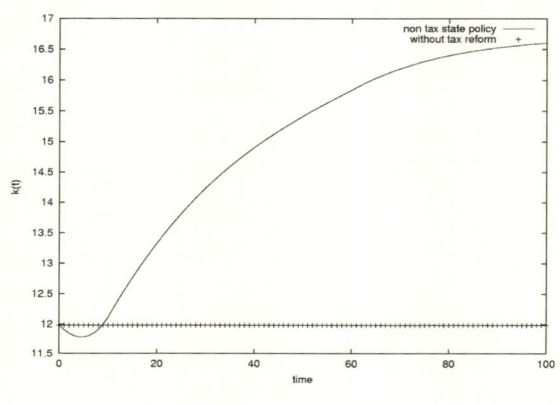

出所　筆者計算

資本所得税率を 20% で定常均衡にある場合と資本所得税率を 50% に増税する増税期間を 9.89 期間置いた後，資本所得税を廃止する無税国家政策を採用した場合の資本の移行経路を比較したものである。

して，移行経路を含めた分析の場合には，資本所得税を廃止する課税政策は，代表的個人の経済的厚生を最大化するわけではない。第 2 に，均衡間の比較による分析と比較して，移行経路を含めた分析の場合の税制改革の代表的個人の経済的厚生に与える効果は非常に小さくなる。

1.2.2　第 3 章　無税国家政策の数値解析

　Chamley(1986) は，将来の課税政策を拘束できる場合（開ループ）には，代表的個人の経済的厚生を最大化する課税政策に関して，以下の 2 つの定理が成立することを証明した。定理 1 では，定常均衡におい

て，資本所得税を廃止する課税政策が，代表的個人の経済的厚生を最大化することを証明した。定理2では，一定期間の増税期間（できる限り高い税率で）を置いた後，資本所得税を廃止する課税政策が，代表的個人の経済的厚生を最大化することを証明した。ただし，Chamley(1986)は，一定期間の増税期間（できる限り高い税率で）を置いた後，資本所得税を廃止する課税政策である無税国家政策が，代表的個人の経済的厚生を最大化することを証明したが，以下の3つの課題を残した。第1に，無税国家政策変更後の消費，資本は，いかなる移行経路を通るのか。第2に，代表的個人の経済的厚生に及ぼす効果はどの程度なのだろうか。第3に，何故，無税国家政策への変更が，代表的個人の経済的厚生を最大化するのだろうか。

　第3章「無税国家政策の数値解析」では，一定期間の増税期間を置き，財政余剰を蓄積した後，資本所得税を廃止する無税国家政策を分析するための数値解析を利用した手法を提示し，そして，その手法を利用して，Chamley(1986)の残した課題について解答を与えることを試みる。第3章の導いた結論を整理すると以下のようになる。第1に，税率一定で定常均衡にある経済を一定期間の増税期間を置いた後，資本所得税を廃止する無税国家政策へと変更した場合，代表的個人の経済的厚生を改善するという結果を得た。また，増税期間の税率が高いほど，経済厚生は高くなる。この結論は，Chamley(1986)の定理を支持するものである。ただし，その効果は非常に小さい。第2に，税率一定で定常均衡にある経済を無税国家政策に変更した場合，図1.3のように増税と減税の資本蓄積に与える効果は非対称的である。図1.3の横軸は期間を示し，縦軸は資本を示している（ちなみに，増税期間は9.89である）。増税期間の資本蓄積へのマイナスの効果は非常に小さく，それに対して，無税期間の資本蓄積へのプラスの効果は非常に大きい。この非対称性は，投資の意思決定が，過去の収益に依存せず，現在の収益だけでなく，将来の収益に依存することに由来する。増税期

間の増税による収益の減少が投資に与える効果は, 将来の減税による収益の増加に相殺され, 大きな効果を持たない. それに対して, 無税期間における資本所得税の廃止の効果は, 過去の増税による収益の減少に依存しないので, そのままの効果が残るため非常に大きな効果を持つためである. 最後に, 一定期間の増税期間を置いた後, 資本所得税を廃止する無税国家政策が, 代表的個人の経済的厚生を最大化する理由について考察する. 資本所得税は, 異時点間の資源配分に歪みをもたらす. このことは, いかなる時点で, いかなる税率で課税しようとも同じである. ただし, その効果の大きさは, 大きく異なる. 資本所得税の増減税は, 当期だけでなく, 事前の資本蓄積に影響し, 事後の資本蓄積には影響しない. 例えば, 無税国家政策を採用した場合, 増税期間の増税は増税期間のみに影響するのに対して, 無税期間における資本所得税の廃止の効果は無税期間だけではなく, 増税期間の資本蓄積にも影響をあたえる. つまり, 資本所得税がもたらす歪みを最小化するためには, 資本所得税をできるだけ前倒しすべきである. 一定期間の増税期間 (できる限り高い税率で) を置いた後, 資本所得税を廃止する無税国家政策は, 資本所得税の前倒しを極限まで進めたものである. 故に, 無税国家政策が, 代表的個人の経済的厚生を最大化するのではないだろうか.

1.2.3 第4章 課税政策の動学ゲーム

Kemp, Long and Shimomura(1993) は, 資本家と労働者により構成される2人経済において, 将来の課税政策を拘束できる場合 (開ループ) には, 定常均衡において, 資本所得税を廃止する課税政策が, 社会的厚生を最大化することを示すと同時に, 将来の課税政策を拘束できない場合 (閉ループ) には, その課税政策の動学的非整合性を指摘している. ただし, Kemp, Long and Shimomura(1993) は, 具体的に, い

図 1.4: 資本所得税の移行経路

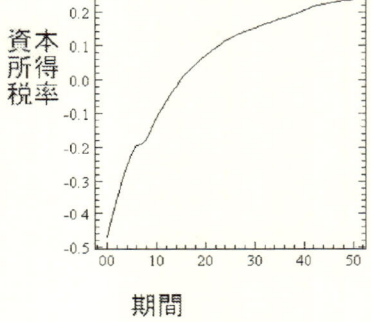

出所　筆者計算

かなる課税政策が動学的整合的課税政策であるのかについて示していない。

第4章「課税政策の動学ゲーム」では,Abreu,Pearce and Stacchetti (1990) の提案した再帰的手法 (Recursive Method) を利用して,Kemp, Long and Shimomura(1993) のモデルにおける動学的整合的課税政策を具体的に計算する。第4章の導いた結論を整理すると,以下のようになる。第1に,将来の課税政策を拘束できる場合（開ループ）には,定常均衡において,資本所得税を廃止する課税政策が社会的厚生を最大化する。第2に,将来の課税政策を拘束できない場合（閉ループ）には,上記の課税政策は,動学的整合的課税政策ではない。例えば,資本蓄積が過少な場合には,図 1.4 のように,資本所得税を減税して,資本蓄積を促進した後,資本所得税を増税する課税政策が動学的整合的課税政策となる。

表 1.9: 資産格差が存在する場合（単位は %）

資本所得税	(均衡間)		(移行経路)	
	第1個人	第2個人	第1個人	第2個人
0	15.01	5.78	4.16	-4.2
10	7.55	3.25	2.07	-1.92
20	0	0	0	0
30	-7.72	-4.05	-2.47	1.41
40	-15.69	-8.98	-5.23	2.32
50	-24.02	-14.93	-8.38	2.58

出所　筆者計算

1.2.4　第5章　資産格差, 資本所得税

Mirrlees(1971) に始まる最適所得税論は, 主に, 異なる能力を持つ個人により構成されている経済において, いかなる労働所得税率が社会的厚生を最大化するかについて研究してきた. しかし, 所得のばらつきは能力だけに由来するわけではない. 各個人の持つ資産の保有量の格差に大きく左右されるのは自明である. とすると, 各個人の持つ資産の保有量に格差が存在する経済において, いかなる資本所得税率が社会的厚生を最大化するのかについても研究されるべきである.

第5章「資産格差, 資本所得税」では, 初期時点において, すべての資産を保有する第1個人と資産を保有しない第2個人により構成される経済において, 税制改革の所得分配に与える効果を分析する. 表1.9 は, 第5章の導いた結論を整理したものである. 表 1.9 の第1列は, 税制改革後の資本所得税率, 第2列, 第3列は, 均衡間の比較による分析により, 税制改革の効果を評価したものである. 第2列は, 資本所得税率 20% で定常均衡における第1個人の経済的厚生を基準と

して，税制改革後の定常均衡における第 1 個人（初期時点において資産をすべて保有する個人）の経済的厚生を比較したものであり，第 3 列は，資本所得税率 20% で定常均衡の第 2 個人の経済的厚生を基準として，税制改革後の定常均衡における第 2 個人（初期時点において資産を保有しない個人）の経済的厚生を比較したものである。第 4 列，第 5 列は，移行経路を含めた上で税制改革の効果を評価したものである。第 4 列は，資本所得税率 20% で定常均衡における第 1 個人の経済的厚生を基準として，税制改革後の第 1 個人の経済的厚生を比較したものであり，第 5 列は，資本所得税率 20% で定常均衡における第 2 個人の経済的厚生を基準として，税制改革後の第 2 個人の経済的厚生を比較したものである。表 1.9 により導かれた結論を整理すると，以下のようになる。第 1 に，均衡間の比較による分析の場合には，常に，資本所得税を廃止する税制改革は，すべての個人の経済的厚生を改善する。常識的に考えれば，資本所得税の廃止は，資本所得税を財源とする定額移転の廃止により，資産を保有しない個人の経済的厚生を悪化させるように思われる。しかし，資本所得税の廃止は資本蓄積を促進し，長期的には，資産を保有しない個人に，定額移転の廃止による損失を上回る賃金の上昇による利益をもたらすためである。第 2 に，移行経路を含めた分析の場合には，資本所得税の廃止する税制改革は，資産を保有する個人の経済的厚生を改善し，資産を保有しない個人の経済厚生を悪化させるという結論を得た。資本所得税の廃止は，長期的には，資産を保有しない個人に，定額移転の廃止による損失を上回る賃金の上昇をもたらすが，短期的には，定額移転の廃止を補う賃金の上昇をもたらさず，資産を保有しない個人に，定額移転の廃止による損失だけが降りかかり，その損失が，長期的な賃金上昇の効果を上回るためである。

1.2.5　第6章　最適所得税論

　Mirrlees(1971)は，能力の異なる個人により構成される経済において，いかなる所得税体系が，社会的厚生を最大化するのかについて，シミュレーションを利用して分析している。Mirrlees(1971)の分析の結果を整理すると，以下のようになる。第1に，最適所得税体系における限界税率は，現行税制ほど高くない。第2に，最適所得税体系は，所得の上昇に応じて，限界税率が低下していく逆進的課税体系である。第3に，最適所得税体系は，両極を除いて，限界税率の低下の傾きは緩やかであり，線形近似可能である。現実の所得税体系は，Mirrlees(1971)の導いた最適所得税体系と大きく異なる。現実の所得税体系は，Mirrlees(1971)の導いた限界税率よりも高く，所得の上昇に応じて，限界税率が上昇していく超過累進的な課税体系であり，かつ，その限界税率の上昇の傾きは急であり，線形近似可能ではない。最適所得税論の枠組みでは，現実の所得税体系を説明できないのではないのだろうか。

　Mirrlees(1971)の導いた最適所得税体系と現実の所得税体系が不一致の理由として，2つの可能性が考えられる。第1に，Mirrlees(1971)の仮定したパラメータが特殊であるため，最適所得税体系は，現実の所得税体系を説明することは不可能なのであり，パラメータを現実的なものに変更した場合には，最適所得税体系は，現実の所得税体系を説明できるのではないのだろうか。第2に，最適所得税論では，社会的厚生を最大化する所得税体系と定額移転を同時に決定しているが，現実の政府は，定額移転を与件とした上で，社会的厚生を最大化する所得税体系を求めているのではないのだろうか。

　Mirrlees(1971)は，消費と余暇との代替の弾力性を1と仮定しているが，現実の消費と余暇の代替の弾力性は，それ程高くないとの批判がある。Mirrlees(1971)の仮定したパラメータを現実的なパラメータに変更した場合の分析結果を整理すると，第1に，消費と余暇の代替の弾力性を現実的なもの（具体的には，消費と余暇の代替の弾力性を0.5）

図 1.5: Mirrlees(1971)

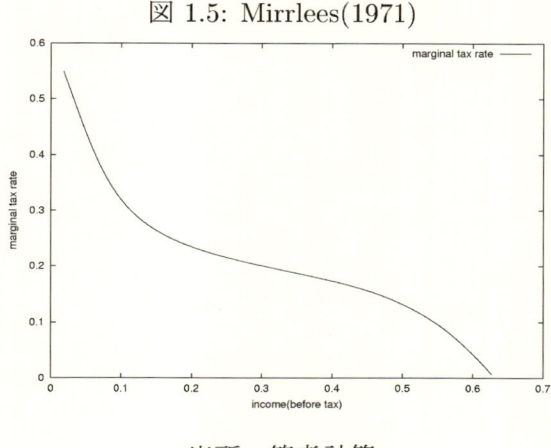

出所　筆者計算

Mirrlees(1971)の最適所得税体系の課税前所得と限界税率の関係を示している。横軸は課税前所得を示し，縦軸は限界税率を示している。

に変更すると，現実の所得税率を説明できるだけの高さを持つ所得税体系が，最適所得税体系となる。第2に，消費と余暇の代替の弾力性を現実的なものに変更すると，最適所得税体系の限界税率の低下の傾きは急であり，線形近似は不可能である。第3に，能力の分布を変更すると，最適所得税体系は超過累進課税体系となる。ただし，その傾きは緩やかで，線形近似可能であり，現実の超過累進課税体系を説明できるわけではない。つまり，パラメータを変更しても，最適所得税論の枠組みでは，現実の超過累進課税体系を説明できるわけではない。

定額移転を与件とした上で，社会的厚生を最大化する所得税体系を計算すると，定額移転が過少な場合には，所得の上昇に応じて，限界税率が上昇していく超過累進課税体系が，最適所得税体系となる。また，その限界税率の上昇の傾きは急であり，現実の超過累進課税体系を説明可能である。

第2章 動学的最適所得税論

2.1 はじめに

　一定の税収を確保した上で，代表的個人の経済的厚生を最大化するために，資本所得税と労働所得税をいかなる比率で組み合わせるべきなのだろうか。労働供給が非弾力的な場合，当然，資本所得税を廃止して，労働所得税のみによりファイナンスすべきである。しかし，労働供給が弾力的な場合，いかなる税率の組み合わせが経済的厚生を最大化するのかは自明ではない。常識的に考えれば，経済的厚生を最大化する税率の組み合わせは，パラメータや関数形の仮定に依存する内点解であると推測される。

　この問題に対して，Lucas(1990) は，上記の常識に反する主張を展開している。

　　　"the best structure of income taxation for an economy growing smoothly along a balanced path is to raise all revenues from the taxation of labor income and none at all from capital."(Lucas(1990)p.302)

　Lucas(1990) は，一定の税収を確保する資本所得税，労働所得税の組み合わせにおける定常均衡を計算し，その結果を比較する数値例を提示している。その数値例によると，資本所得税を減税し，労働所得税を増税する税収中立的税制改革は，常に，代表的個人の経済的厚生を改善する。また，経済的厚生を最大化する税の組み合わせは，資本所得税

を廃止し，労働所得税のみによりファイナンスする場合である。パラメータを変更しても，同様の結論が得られる。

ただし，均衡間の比較による分析から，代表的個人の経済的厚生を最大化する税率の組み合わせが，資本所得税を廃止し，労働所得税のみによりファイナンスする場合であると結論してよいのだろうか。税制改革後，旧来の定常均衡から，直ちに，新たな定常均衡へと到達するわけではない。税制改革後，長い移行経路を経て，新たな定常均衡へと到達する。均衡間の比較による分析は，税制改革後の長い移行経路を無視して，税制改革の効果を分析するため，正確な分析とは言えない。税制改革の効果を正確に分析するためには，税制改革後の移行経路を含めた分析をする必要がある。

Lucas(1990) も，税制改革を移行経路を含めた分析の必要性について認識していたが[1]，具体的な分析は今後の課題として残した。本章では，Lucas(1990) が残した税制改革の効果を移行経路を含めた上で分析する課題に取り組む。本章が導いた結論は以下の通りである。第1に，均衡間の比較による分析では，資本所得税を廃止し，労働所得税のみでファイナンスする税収中立的税制改革が，代表的個人の経済的厚生を最大化するという結論が導かれた。この結論は，パラメータを変更しても，効用関数，生産関数の関数形を変更しても同様の結論が得られた。第2に，移行経路を含めた上で税制改革を分析した場合には，資本所得税を廃止し，労働所得税のみでファイナンスする税収中立的税制改革は，経済的厚生を最大化する税制改革ではない。パラメータを変更しても，同様の結論が得られた。

本章の構成は以下の通りである。第2節では，分析の基本となるモ

---

[1] " Second,and I think quantitatively more crucial,the passage from the current balanced path to an efficient one,since it involves a large increase in the level of physical relative to human capital,will involve a long period of reduced consumption or reduced leisure or both,partially offsetting the welfare gains enjoyed on the new balanced path.How can these considerations be quantified ?" (Lucas(1990)p.309)

デルを提示する．第3節では，税制改革後の移行経路を導くための手法を提示する．第4節では，上記の手法を利用して，税制改革の効果を分析する．第5節は，まとめである．

2.2　モデル

Lucas(1990) は,(A) 労働供給が非弾力的な場合の外生的成長モデル, (B) 労働供給が弾力的な場合の外生的成長モデル, (C) 労働供給が弾力的な場合の内生的成長モデルの3つのモデルについて分析している．ただし,Lucas(1990) は，(B) の労働供給が弾力的な場合の外生的成長モデルについてだけ，詳細な分析をおこなっている．この節では,Lucas(1990) の仮定に沿って労働供給が弾力的な場合の外生的成長モデルを提示する．

代表的個人は，課税後の利子率 (r_t)，課税後の賃金 (w_t)，定額移転 (b_t) を完全予見し,(2.2) 式 (予算制約式),(2.3) 式 (労働余暇時間制約式),(2.4) 式の制約を満たした上で,(2.1) 式を最大化するように消費 (c_t)，余暇 (x_t)，労働供給 (l_t)，個人資産 (a_t) の最適計画を定める．

$$\max \int_0^\infty \exp(-(\rho-\lambda)t)u(c_t, x_t)dt \qquad (2.1)$$

$$c_t + \dot{a}_t + \lambda a_t = r_t a_t + w_t l_t h_t + b_t \qquad (2.2)$$

$$x_t + l_t = L \qquad (2.3)$$

$$\lim_{t\to\infty} \exp(-\int_0^t r_s ds)a_t = 0 \qquad (2.4)$$

ρ; 主観的割引率

λ; 人口成長率
h_t; t 期の人的資本
L; 個人の保有時間

上記の式をオイラー方程式で解くと, 以下の式が導ける。

$$\dot{u}_c/u_c = \rho - r_t \tag{2.5}$$

$$u_x/u_c = w_t h_t \tag{2.6}$$

$$x_t + l_t = L \tag{2.7}$$

u_c; 消費の限界効用
u_x; 余暇の限界効用

効用関数 (u) は, 以下のような関数であると仮定する。

$$u(c_t, x_t) = \frac{(c_t \varphi(x_t))^{1-\sigma}}{1-\sigma} \tag{2.8}$$

$$\varphi(x_t) = x_t^\alpha \tag{2.9}$$

生産関数 (F) は, CES 関数であると仮定する。

$$F(k_t, h_t l_t) = A(\delta k_t^{-\gamma} + (1-\delta)(h_t l_t)^{-\gamma})^{-1/\gamma} \tag{2.10}$$

k_t; t 期の実物資本

資本労働比率 (z_t) を以下のように定義する。

$$z_t = \frac{k_t}{h_t l_t} \tag{2.11}$$

関数 (f) をあらたに定義する。

$$f(z_t) = F(z_t, 1) \tag{2.12}$$

資本所得税を τ_k とするとき、課税後の利子率 (r_t) は、以下のように定まる。

$$r_t = (1 - \tau_k)f'(z_t) \tag{2.13}$$

労働所得税を τ_l とするとき、課税後の賃金 (w_t) は、以下のように定まる。

$$w_t = (1 - \tau_l)(f(z_t) - z_t f'(z_t)) \tag{2.14}$$

初期時点における人的資本 (h_0) は 1 と仮定し、さらに、その成長率 (v) は、外生的に定まり、一定と仮定する。

$$\dot{h}_t = v h_t \tag{2.15}$$

政府は、独自の消費活動 (g_t) と定額移転 (b_t) をおこなうため、資本所得税と労働所得税でファイナンスする。その支出額は、ともに、人的資本の蓄積に比例すると仮定する。

$$g_t = g h_t \tag{2.16}$$

$$b_t = b h_t \tag{2.17}$$

$$g_t + b_t = \tau_k f'(z_t) k_t + \tau_l (f(z_t) - z_t f'(z_t)) l_t h_t \tag{2.18}$$

資本蓄積は、上記の政府の仮定より、以下のように定まる。

$$\dot{k}_t = F(k_t, h_t l_t) - c_t - g_t - \lambda k_t \qquad (2.19)$$

記号 (q_t, y_t, con_t) をあらたに定義する。

$$q_t = u_c h_t^\sigma \qquad (2.20)$$

$$y_t = k_t/h_t \qquad (2.21)$$

$$con_t = c_t/h_t \qquad (2.22)$$

(q_t, y_t) の税制改革後の移行経路は, 以下の非線形微分方程式のように定まる。

$$\dot{q}_t/q_t = \rho + \sigma v - (1 - \tau_k)f'(y_t/l_t) \qquad (2.23)$$

$$\dot{y}_t = l_t f(y_t/l_t) - v y_t - \lambda y_t - con_t - g \qquad (2.24)$$

税制改革後の資本所得税率 ($\hat{\tau}_k$) を与件としたとき, 消費人的資本比率 ($c\hat{o}n$), 資本人的資本比率 ($\hat{y}$), 労働所得税率 ($\hat{\tau}_l$), 余暇 ($\hat{x}$), 労働供給 ($\hat{l}$) の税制改革後の定常均衡は, 以下の非線形連立方程式を解くことにより求まる。

$$\hat{l}(f(\hat{y}/\hat{l}) - (v + \lambda)\hat{y}/\hat{l}) = c\hat{o}n + g \qquad (2.25)$$

$$\rho + \sigma v = (1 - \hat{\tau}_k)f'(\hat{y}/\hat{l}) \qquad (2.26)$$

$$\alpha \frac{c\hat{o}n}{\hat{x}} = (1 - \hat{\tau}_l)(f(\hat{y}/\hat{l}) - \hat{y}/\hat{l} f'(\hat{y}/\hat{l})) \qquad (2.27)$$

$$\hat{x} + \hat{l} = L \tag{2.28}$$

$$g + b = \tau_k f'(\hat{y}/\hat{l})\hat{y} + \tau_l(f(\hat{y}/\hat{l}) - \hat{y}/\hat{l}f'(\hat{y}/\hat{l}))\hat{l} \tag{2.29}$$

　税制改革前,また,税制改革をおこなわない場合には,経済は定常均衡にあると仮定する。税制改革前の資本所得税率 ($\bar{\tau}_k$) を与件とした場合,消費人的資本比率 ($c\bar{o}n$),資本人的資本比率 ($\bar{y}$),労働所得税率 ($\bar{\tau}_l$),余暇 ($\bar{x}$),労働供給 ($\bar{l}$) の定常均衡も,上記の非線形連立方程式を解くことにより求まる。

2.3　数値解析

　税制改革を分析する場合,従来,税制改革前の定常均衡と税制改革後の定常均衡を比較する手法が使用されてきた。しかし,均衡間の比較による分析は,税制改革の効果を正確に分析したことにはならない。何故ならば,税制改革後,直ちに,税制改革前の定常均衡から税制改革後の定常均衡へと到達するわけではない。税制改革後,長い移行経路を経て,新たな定常均衡へと到達する。均衡間の比較による分析は,移行経路を無視して分析するために,税制改革の効果を正確に分析したものとは言えない。税制改革の効果を正確に分析するためには,移行経路を含めた上で税制改革の効果を評価する必要がある。

　1980年代に入り,税制改革の効果を移行経路を含めた上で分析するChamely(1981),Bernheim(1981) に始まる税制改革の動学的分析が登場してきた。ただし,その歩みは順調なものではなく,技術的な問題に悩まされることになった。第1の問題は,移行経路を示す非線形連立微分方程式が解析的に解けない点である。非線形微分方程式は,一般に,解析的に解くことはできない。この場合も解くことはできない。

第2の問題は，移行経路を示す非線形連立微分方程式の初期値に未知数が含まれる点である。微分方程式を解くためには，初期値がすべて既知である必要がある。初期値に未知数が含まれる場合には，解くことはできない。1990年代に入り，上記の2つの問題を解決し，税制改革後の移行経路を導く time elimination method[2]や backward shooting method が登場してきた。第1の問題は，数値解析を使用することにより解決可能である。非線形微分方程式は，解析的に解くことはできない。しかし，数値解析の使用により，かなり精度の高い近似値を得ることができる。第2の問題は，時間を後ろ向きに微分方程式を解くことにより解決可能である。確かに，税制改革後の初期値には未知数が含まれる。初期値に未知数が含まれる微分方程式を解くことはできない。しかし，税制改革後の定常均衡はすべて既知である。税制改革後の定常均衡を初期点として，時間に関して，後ろ向きに非線形連立微分方程式を解けば，初期値が求まる。ただし，税制改革後の移行経路を求める上記の手法が適用可能な領域は，労働供給が非弾力的な場合に限定され，前節で提示したような労働供給が弾力的なモデルに適用可能な適当な手法は存在しない。つまり，労働供給が弾力的なモデルにおける移行経路を求めるためには，独自の手法を開発する必要がある。(q_t, y_t) の税制改革後の移行経路は，下記の非線形連立微分方程式で表現できる。

$$\dot{q}_t/q_t = \rho + \sigma v - (1-\tau_k)f'(y_t/l_t) \tag{2.30}$$

$$\dot{y}_t = l_t f(y_t/l_t) - vy_t - \lambda y_t - con_t - g \tag{2.31}$$

この非線形連立微分方程式を解くには，3つの問題点が残る。第1に，未知数が4つに対して，微分方程式の数は2つである。未知数の数が，式と比較して2つ多い。このままでは解けない。第2に，y_t の税制改革

---

[2]西岡 (1995) 参照。

後の初期点は, 税制改革前の定常均衡 ($\bar{y}$) であり, 既知だが, (con_t, l_t, q_t) の初期点はいずれも未知数である. 初期点に未知数が含まれる場合には, 微分方程式の解を求めることはできない. 第3に, (2.30), (2.31) の式が, 非線形微分方程式である点である. 非線形微分方程式は, 一般に解析的に解くことはできない. そして, この非線形微分方程式も, 解析的に解くことはできない.

第1の問題点は, (q,y) における消費人的資本比率 $(con(q,y))$, 労働供給 $(lab(q,y))$ の関数を導くことにより解決できる. 恒等的に, (2.32), (2.33), (2.34) 式が成立する.

$$q = con^{-\sigma} x^{\alpha(1-\sigma)} \tag{2.32}$$

$$\alpha \frac{con}{x} = (1-\tau_l)(f(y/l) - y/l f'(y/l)) \tag{2.33}$$

$$x + l = L \tag{2.34}$$

任意の (q,y) を与件とした場合に, 上記の非線形連立方程式の未知数 (con, x, l) は, 解析的に解くことはできないが, 数値解析を使用すれば, 解くことが可能である. つまり, 上記の非線形連立方程式より, (q,y) に関する消費人的資本比率, 労働供給の関数 $(con(q,y), lab(q,y))$ を定めることができる.

$$con_t = con(q_t, y_t) \tag{2.35}$$

$$l_t = lab(q_t, y_t) \tag{2.36}$$

第1の問題は, (q,y) に関する消費人的資本比率, 労働供給に関する関数 $(con(q,y), lab(q,y))$ を求めることにより, (2.30), (2.31) 式の非線形微分方程式の未知数が, (q,y) の2つに減り, 問題は解決した. 第2

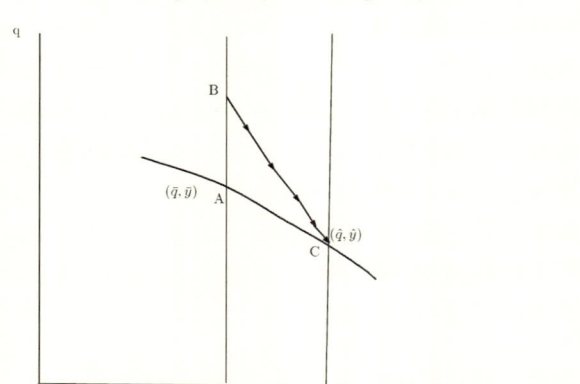

図 2.1: 税制改革による移行経路

税制改革後, 税制改革前の定常均衡 $(\bar{q}, \bar{y})$ である A 点から B 点へジャンプした後, $B \to C$ の移行経路を通って, 税制改革後の定常均衡 $(\hat{q}, \hat{y})$ である C 点へと到達する。

の問題は, 微分方程式を時間を逆向きに解くことにより, 解決可能である。確かに, 税制改革後の資本人的資本比率の初期点 $(y_0 = \bar{y})$ は既知だが, q の初期点は未知数である。初期値に未知数を含む微分方程式を解くことはできない。しかし, 期末点である税制改革後の定常均衡 $(\hat{con}, \hat{y}, \hat{l}, \hat{x})$ はすべて既知である。期末点である税制改革後の定常均衡を初期点として, 非線形微分方程式を時間に関して, 逆向きに解くことができる。(2.30), (2.31), (2.35), (2.36) 式より, 以下の非線形微分方程式が導ける。

$$q'(y) = \dot{q}/\dot{y} = \frac{q(\rho + \sigma v - (1 - \tau_k)f'(y/lab(q,y)))}{lab(q,y)f(y/lab(q,y)) - vy - \lambda y - con(q,y) - g} \quad (2.37)$$

第 3 の問題は, 数値解析の使用により解決可能である。上記の y に関する q の非線形微分方程式は, 解析的には解くことはできない。し

かし, 数値解析を使用すれば, かなり精度の高い近似値が得られる。常微分方程式の数値解法は, 前世紀からの蓄積があり, 非常に精度が高い。税制改革後の定常均衡 $(\hat{q}, \hat{y})$ を初期点として, 上記の非線形微分方程式を数値解析で解くと, y に関する q の関数を導ける。(図 2.1 は (q, y) に関する位相図である。図 2.1 の横軸は y を示し, 縦軸は q を示している。税制改革前の定常均衡を A 点として, 税制改革後の定常均衡を C 点とする。税制改革後, B 点へジャンプした後, B→C の移行経路を通って, 税制改革後の定常均衡である C 点へと到達する。)

$$q = q(y) \tag{2.38}$$

(2.31) 式に (2.35), (2.36) 式と上記の式を代入すると, 時間に関する資本人的資本比率 (y_t) の税制改革後の移行経路を示す非線形微分方程式が導ける。

$$\dot{y}(t) = lab(q(y(t)), y(t))f(y(t)/lab(q(y(t)), y(t))) - vy(t) - \lambda y(t)$$
$$-con(q(y(t)), y(t)) - g \tag{2.39}$$

税制改革前の定常均衡における資本人的資本比率 $(\bar{y})$ を初期点として, 上記の非線形微分方程式を数値解析で解くと, 時間に関する y の関数 (y_t) が導ける。

$$y_t = y(t) \tag{2.40}$$

消費, 労働供給, 資本の税制改革後の移行経路 (c_t, l_t, k_t) は, 以下の式から導ける。

$$c_t = con(q(y_t), y_t)h_t \tag{2.41}$$

$$l_t = lab(q(y_t), y_t) \tag{2.42}$$

$$k_t = y_t h_t \tag{2.43}$$

2.4 分析

　一定の税収を確保した上で，代表的個人の経済的厚生を最大化するのは，資本所得税 (τ_k) と労働所得税 (τ_l) のいかなる組み合わせだろうか。労働供給が非弾力的な場合，当然，資本所得税を廃止して，労働所得税のみによりファイナンスすべきである。しかし，労働供給が弾力的な場合は，いかなる税率の組み合わせが経済的厚生を最大化するのかは自明ではない。常識的に考えれば，経済的厚生を最大化する税率の組み合わせは，パラメータや関数の仮定に依存すると考えられる。

　Lucas(1990) は，資本所得税を廃止して，労働所得税のみによりファイナンスする場合に代表的個人の経済的厚生を最大化すると主張している。Lucas(1990) は，何の根拠もなく，上記の主張を展開しているわけではなく，前節で示したモデルに，表 2.1 の上の部分のパラメータを仮定し，現行税制（資本所得税 (τ_k) = 36%，労働所得税 (τ_l) = 40%）における定常均衡と資本所得税を減税し，労働所得税を増税する税収中立的税制改革をおこなった場合の定常均衡を比較する数値例を提示した上で主張している。表 2.2 は，Lucas が Table3 で示した均衡間の比較による分析の結果を写したものである。表 2.2 の第 1 列は，資本所得税率を示し，第 2 列は，労働所得税率を示し，第 3 列は，税制改革前の定常均衡における消費を基準として，税制改革後の定常均衡における消費の増減を示し，第 4 列は，税制改革前の定常均衡における労働供給を基準として，税制改革後の定常均衡における労働供給の増減を示し，そして，第 5 列は，税制改革前の定常均衡における代表的個人の経済厚生

表 2.1: パラメータの仮定

パラメータ	記号	数値
産出量	$F(k, lh)$	1
消費	c	0.72
政府支出	g	0.21
定額移転	b	0.18
物的資本	k	2.4
人的資本	h	1
労働供給	l	1
労働分配率		0.76
労働所得税	τ_l	0.4
相対的危険回避度	σ	2
余暇弾力性	α	0.5
資本と労働の代替の弾力性		0.6
人的資本成長率	v	0.015
人口成長率	λ	0.014
主観的割引率	ρ	0.034
保有時間	L	1.79
	γ	0.66

出所　Lucas(1990), 筆者計算

を基準として，税制改革後の代表的個人の経済厚生の増減を示したものである．表2.2によると，資本所得税を減税し，労働所得税を増税する税収中立的な税制改革は，消費を増加させ，労働供給を減少させ，代表的個人の経済的厚生を改善する．経済的厚生を最大化する税制改革は，資本所得税を廃止し，労働所得税のみによりファイナンスする場合

表 2.2: 均衡間の比較による分析 (単位は %)

資本所得税	労働所得税	消費	労働供給	厚生
0	46 (46.2)	4.2 (4.15)	-2 (-2.023)	5.5 (5.476)
5	45(45.4)	4.1(3.985)	-1.6(-1.676)	5.1(5.083)
10	45(44.5)	3.8(3.717)	-1.3(-1.346)	4.6(4.598)
15	44(43.6)	3.4(3.333)	-1(-1.035)	4(4.009)
20	43(42.8)	2.9(2.817)	-0.7(-0.744)	3.3(3.301)
25	42(41.9)	2.2(2.148)	-0.5(-0.477)	2.5(2.457)
30	41(41)	1.4(1.3)	-0.2(-0.239)	1.5(1.453)
36	40(40)	0(0)	0(0)	0(0)

出所　Lucas(1990), 筆者計算

である。表 2.2 の括弧内の数字は,Lucas(1990) が Table3 で明示しなかったパラメータ (ρ, γ, L) の仮定を独自に推定した上で,Lucas(1990) がおこなった均衡間の比較による分析を追試した結果をまとめたものである。結論, 数値ともに,Lucas(1990) と非常によく似た結果が得られた。

表 2.2 の結果だけから, 資本所得税を廃止し, 労働所得税のみによりファイナンスする税制改革が, 代表的個人の経済的厚生を最大化すると結論してよいのだろうか。3 つの疑問が残る。第 1 の疑問は, パラメータの仮定を変更した場合には, 別の結論が得られるのではないのかという疑問である。第 2 の疑問は, 生産関数や効用関数の関数型を変更した場合には, 別の結論が得られるのではないかという疑問である。Lucas のモデルでは, 生産関数は CES 関数, また, 効用関数も特定の関数を仮定している。関数形の仮定を変更した場合には, 別の結論

表 2.3: パラメータを変更した場合 (単位は %)

γ	0.66	0.66	0.66	0.66	0.66	1
σ	2	4	1.05	2	2	2
α	0.5	0.5	0.5	5	50	0.5
$\tau_k = 0$	5.56%	4.63	6.04	4.73	4.71	5.94
5	5.16	4.39	5.55	4.42	4.37	5.44
10	4.66	4.98	4.02	4.02	3.94	4.87
15	4.06	4.31	3.52	3.52	3.43	4.2
20	3.33	3.53	2.91	2.91	2.82	3.42
25	2.48	2.61	2.17	2.17	2.1	2.52
30	1.46	1.53	1.29	1.29	1.24	1.48
36	0	0	0	0	0	0

出所　筆者計算

が得られるのではないだろうか。第 3 の疑問は,税制改革の効果を移行経路を含めた上で分析した場合には,別の結論が得られるのではないかという疑問である。税制改革前の定常均衡と税制改革後の定常均衡の比較による分析は,税制改革後の移行経路を無視して分析するため,税制改革の効果を正確に分析したとは言えない。税制改革の効果を正確に分析するためには,移行経路を考慮した上で税制改革を評価する必要がある。移行経路を含めた上で分析した場合には,別の結論が出るのではないだろうか。

　第 1 の疑問に答えるためには,パラメータの仮定を変更して追試する必要がある。表 2.3 は,パラメータの仮定を変更して,表 2.2 と同様に均衡間の比較による分析をおこなった結果をまとめたものである。表 2.3 の第 1 列は,資本所得税率を示し,第 2 列以降は,税制改革前の

定常均衡における代表的個人の経済厚生を基準として,税制改革後の代表的個人の経済厚生の増減を示したものである。表2.3によると,資本所得税を減税し,労働所得税を増税する税収中立的税制改革は,常に,代表的個人の厚生を改善する。また,代表的個人の厚生を最大化する税率の組み合わせは,資本所得税を廃止し,労働所得税のみによりファイナンスする場合である。この結論は,他のパラメータの仮定を変更した場合も同様な結論が得られた。第2の疑問は,効用関数,生産関数の関数型を変更し,数多くの試行を繰り返したが,資本所得税を廃止し,労働所得税のみによりファイナンスする税制改革が代表的個人の経済厚生を最大化するという主張を覆す反例を提示できなかった。

第3の疑問について検討する前に,何故,税制改革の効果を均衡間の比較による分析ではなく,移行経路を含めた上で評価する必要があるのかを税制改革前の定常均衡と税制改革後の移行経路を図示しながら解説する。図2.2は,現行税制(資本所得税 $(\tau_k) = 36\%$, 労働所得税 $(\tau_l) = 40\%$)から,資本所得税を廃止し,労働所得税を増税する税収中立的税制改革をおこなった場合の消費の移行経路 (c_t) を図示したものである。図2.2の横軸は期間を示し,縦軸は消費を示している。消費 (c_t) は,税制改革後,課税後利子率 (r_t) の上昇により,急激に減少する。その後,資本蓄積が進むにつれ,課税後の利子率 (r_t) が下落し,かつ,課税後の賃金 (w_t) の増加により,消費 (c_t) は,徐々に上昇していき,ある時点で,現行税制を維持した場合の消費を抜き去っていく。図2.3は,税制改革後の資本人的資本比率の移行経路 (y_t) を図示したものである。図2.3の横軸は期間を示し,縦軸は資本人的資本比率を示している。税制改革後,課税後の利子率 (r_t) の上昇による投資の増加により,資本人的資本比率 (y_t) は順調に上昇していく。しかし,資本人的資本比率の上昇は,課税後の利子率 (r_t) の下落を招き,その上昇のスピードは,次第に減少し,収束する。図2.4は,税制改革前の労働供給の定常均衡 $(\bar{l})$ と税制改革後の労働供給の移行経路 (l_t) を比較

図 2.2: 消費の移行経路

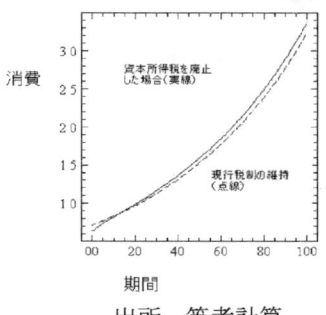

出所　筆者計算

図 2.3: 資本人的資本比率 (y) の移行経路

出所　筆者計算

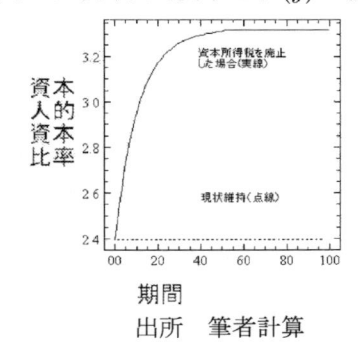

図 2.4: 労働供給の移行経路

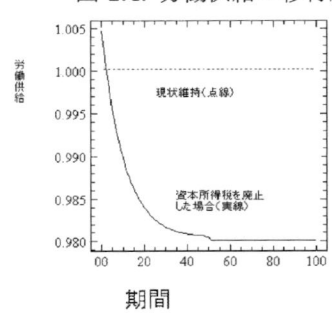

出所　筆者計算

表 2.4: 移行経路を含めた上での分析 (単位は %)

資本所得税率	経済厚生
0	0.84
5	0.94
10	0.99
15	0.98
20	0.89
25	0.72
30	0.45
36	0

出所　筆者計算

したものである。横軸は期間を示し，縦軸は労働供給を示している。税制改革後の移行経路を図にしてみると，税制改革の効果を均衡間の比較による分析で評価することが不適当であることが分る。税制改革後，長期的には，消費 (c_t) は税制改革前の定常均衡 ($c\bar{o}n$) の水準を上回り，労働供給 (l_t) も，税制改革前の定常均衡 ($\bar{l}$) の水準を下回る。しかし，短期的には，消費 (c_t) は，税制改革前の定常均衡 ($c\bar{o}n$) の水準を下回り，さらに，労働供給 (l_t) も，税制改革前の定常均衡 ($\bar{l}$) の水準を上回る。税制改革の均衡間の比較による分析の場合，税制改革の長期的なプラス効果のみを評価し，短期的なマイナスの効果を無視することになる。税制改革の効果を正確に評価するためには，移行経路を含めた上で分析する必要がある。

表 2.4 は，現行税制 (資本所得税 ($\bar{\tau}_k$) = 36%, 労働所得税 ($\bar{\tau}_l$) = 40%) から，資本所得税を減税し，労働所得税を増税する税収中立的税制改革をおこなった場合において，移行経路を含めた上での代表的個人の経

済的厚生[3]上の効果について分析した結果をまとめたものである。表2.4の第1列は、税制改革後の資本所得税率を示し、そして、第2列は、現行税制における代表的個人の経済厚生と税制改革後の代表的個人の経済的厚生を移行経路を含めた上で評価したものと比較したものである。表2.4から導ける結論は以下の通りである。均衡間の比較による分析の場合、資本所得税を廃止し、労働所得税のみによりファイナンスする税収中立的税制改革は、代表的個人の経済的厚生を最大化する。それに対して、移行経路を含めた上で分析する場合、資本所得税を廃止し、労働所得税のみによりファイナンスする税制改革は、代表的個人の厚生[4]を改善するが、代表的個人の経済的厚生を最大化する税制改革ではない。代表的個人の経済的厚生を最大化する税制改革は、(0% ではなく)[5]資本所得税を減税し、労働所得税を増税する場合である。表2.4の結論は、パラメータの仮定に依存している可能性があるので、パラメータの仮定を変更し、表2.4と同様の分析をおこなう必要がある。表2.5は、パラメータの仮定を変更した上で、表2.4と同様の分析をおこなった場合の結果をまとめたものである。表2.5の第1列は、税制改革後の資本所得税率を示し、そして、第2列以降は、現行税制における代表的個人の経済厚生と税制改革後の代表的個人の経済的厚生を移行経路を含めた上で評価したものと比較したものである。パラメータの仮定を変更して分析しても、表2.4と同様に、代表的個人の経済的厚生を最大化する税制改革は、(0% ではなく) 資本所得税を減税し、労

---

[3]移行経路を含めた上での税制改革の厚生上の効果を評価する方法を提示する。税制改革後の消費、余暇の移行経路 (c_t, x_t) から、代表的個人の効用 $(u1)$ を導く。

$u1 = \int_0^\infty \exp(-(\rho - \lambda)t) u(c_t, x_t) dt$

税制改革直前の消費人的資本比率、余暇 $(c\bar{o}n, \bar{x})$ とするとき、以下の式が成立するような wel を求める。

$u1 = \int_0^\infty \exp(-(\rho - \lambda)t) u((1 + wel)c\bar{o}nh_t, \bar{x}) dt$

例えば、wel が 0.05 の場合、経済的厚生が 5% 改善したと定義する。

[4]表2.4によると、資本所得税を廃止した場合、代表的個人の経済的厚生は 0.84% 改善する。

[5]表2.4によると、資本所得税を 10% に減税した場合、代表的個人の経済的厚生を最大化する。

表 2.5: パラメータを変更した場合 (単位は %)

γ	0.66	0.66	0.66	1
σ	2	1.05	2	2
α	0.5	0.5	1	0.5
$\tau_k = 0$	0.84	1.11	0.37	0.63
5	0.94	1.15	0.57	0.7
10	0.99	1.14	0.7	0.73
15	0.98	1.06	0.76	0.72
20	0.89	0.91	0.74	0.65
25	0.72	0.67	0.63	0.53
30	0.45	0.33	0.41	0.33
36	0	0	0	0

出所 筆者計算

働所得税を増税する場合であるという結論は変わらない。

議論を閉じる前に, 何故, 税制改革を均衡間の比較で分析する場合, 常識に反して, 資本所得税を減税し, 労働所得税を増税する税収中立的税制改革が, パラメータや関数形の仮定に依存することなく, 代表的個人の経済的厚生を常に改善するのかについて考察する。上記の税制改革が, 経済的厚生に与える効果を 2 つに分ける。第 1 の効果は, 短期, 長期を含めた全期間の代表的個人の経済的厚生に与える効果である。その効果は, 表 2.4, 2.5 によると非常に小さい。第 2 の効果は, 短期的な経済的厚生と税制改革後の定常均衡を含む長期的な経済的厚生の異時点間の配分に与える効果である。上記の税制改革は, 短期的には経済的厚生を悪化させ, 長期的には経済的厚生を大きく改善する効果を持つ。第 1 の効果は, 第 2 の効果と比較すると, 無視し得るほど小さい

ので，資本所得税を減税し，労働所得税を増税する税収中立的税制改革は，常に，税制改革後の定常均衡における代表的個人の経済的厚生を大きく改善する効果を持つことになる．

2.5　まとめ

　資本所得税を廃止して，労働所得税のみによりファイナンスする場合，代表的個人の経済的厚生を最大化するという命題について検討してきた．均衡間の比較による分析の場合には，資本所得税を廃止し，労働所得税のみによりファイナンスする課税政策が，代表的個人の経済的厚生を最大化する．ただし，均衡間の比較による分析は，税制改革の効果を正確に評価したことにはならない．何故ならば，税制改革後，旧来の定常均衡から長い移行経路を経て，新たな定常均衡へと到達する．均衡間の比較による分析は，移行経路を無視して分析するため，正確な分析とは言えない．税制改革の効果を正確に分析するためには，移行経路を含めた上で分析する必要がある．この章の分析では，税制改革の効果を移行経路を含めた上で分析した場合に，資本所得税を廃止し，労働所得税のみによりファイナンスする税制改革は，代表的個人の経済的厚生を最大化するわけではない．（0%ではなく）資本所得税を減税し，労働所得税を増税する税制改革が，代表的個人の経済的厚生を最大化するという結論を得た．

　ただし，資本所得税を廃止して，労働所得税のみによりファイナンスする場合に，代表的個人の経済的厚生を最大化するという問題については，別の意味で検討の余地があると考えている．本章においては，税制改革後，資本所得税，労働所得税ともに税率は常に一定であると仮定した上で分析してきた．この仮定をはずして，資本所得税，労働所得税を時間に関する関数とした場合，再び，資本所得税は廃止すべきかという問題を検討する余地が生まれる．この問題は，第3章「無税国家政

策の数値解析」で検討する。

2.6 補論

この章では，定常均衡において，政府支出と税収額が一致する税収中立的税制改革（以後，静学的税収中立的税制改革と呼ぶ）をおこなった場合における代表的個人の経済的厚生に与える効果について考察してきた。静学的税収中立的税制改革の場合，定常均衡時点以外においては，政府支出と税収額が一致している必然性はない。本来，税収中立的改革とは，政府支出の現在価値と税収の現在価値が一致する税体系（以後，動学的税収中立的改革と呼ぶ）ではないだろうか。表 2.6 は，動学的税収中立的税制改革が，代表的個人の経済厚生に与える影響を移行経路を含めた上で分析したものである。表 2.6 の第 1 列は，税制改革後の資本所得税率を示し，第 2 列は，動学的税収中立的税制改革

表 2.6: 動学的税収中立的税制改革 (単位は %)

資本所得税	労働所得税	経済厚生
0	48.28 (46.21)	-0.03 (0.84)
5	47.14 (45.36)	0.22 (0.94)
10	46 (44.51)	0.41 (0.99)
15	44.86 (43.65)	0.52 (0.98)
20	43.71 (42.78)	0.55 (0.89)
25	42.55 (41.91)	0.49 (0.72)
30	41.39 (41.04)	0.33 (0.45)
36	40(40)	0

出所　筆者計算

をおこなった場合の労働所得税率を示し (括弧内は, 静学的税収中立的税制改革の場合), そして, 第3列は, 現行税制における代表的個人の経済厚生と税制改革後の代表的個人の経済的厚生を移行経路を含めた上で評価したものと比較したものである (括弧内は, 静学的税収中立的税制改革の場合)。

表2.6により導かれる結論を整理すると以下のようになる。第1に, 静学的税収中立的税制改革と比較して, 動学的税収中立的税制改革の場合には, 労働所得税率は高くなる。第2に, 静学的税収中立的税制改革と比較して, 動学的税収中立的税制改革の場合には, 代表的個人の経済厚生に与える影響は小さくなる。第3に, 静学的税収中立的税制改革と比較して, 動学的税収中立的税制改革の場合には, 代表的個人の経済厚生を最大化する資本所得税率は20%と高くなる。

第3章 無税国家政策の数値解析

3.1 はじめに

　Chamley(1986) は，パラメータに関係なく，一定期間の増税期間（できる限り高い税率で）を置いた後，資本所得税を廃止する無税国家政策[1]が，代表的個人の経済的厚生を最大化する課税政策であることを解析的に証明[2]している。ただし，Chamley(1986) は証明を提示しただけで，何故，無税国家政策への変更が，代表的個人の経済的厚生を最大化するのか，無税国家政策変更後，消費，資本等の移行経路はいかなる移行経路を通るのか，さらに，無税国家政策への変更が，代表的個人の経済的厚生をどれほど改善するのかという基本的な問題に解答を与えていない。

　Chamley(1986) が残した問題に解答を与えるためには，無税国家政策変更後の消費，資本等の移行経路を求める必要がある。ただし，それは容易なことではない。第1に，消費，資本等の移行経路を示す非線形連立微分方程式は，解析的に解くことはできない。第2に，消費，資本等の移行経路を示す非線形連立微分方程式を数値解析を使用して解き，税制改革の効果を分析する先行研究は数多く存在するが，2度の税

---

[1] 無税国家政策の由来は，井堀 (1996) による。
[2] ただし，Correia(1996) は，公的資本が生産関数に影響を及ぼす場合，この定理が，成立しないことを証明した。

率変更（増税と資本所得税廃止）を前提とする場合に適用可能な手法は,先行研究[3]には存在しない。

この章では,一定期間の増税期間を置き,財政余剰を蓄積した後,資本所得税を廃止する無税国家政策を分析するための数値解析を利用した手法を提示し,その手法を利用して,Chamley(1986)の残した課題について分析する。本章の導いた結論は以下の通りである。第1に,税率一定で定常均衡にある経済を一定期間の増税期間を置いた後,資本所得税を廃止する無税国家政策へと変更した場合,代表的個人の経済的厚生を改善するという結果を得た。また,増税期間の税率が高いほど,経済厚生は高くなる。この結論は,Chamley(1986)の定理を支持するものである。ただし,その効果は非常に小さい。

第2に,税率一定で定常均衡にある経済を無税国家政策に変更した場合,増税と減税の資本蓄積に与える効果は非対称的である。増税期間の資本蓄積へのマイナスの効果は非常に小さく,それに対して,無税期間の資本蓄積へのプラスの効果は非常に大きい。この非対称性は,投資の意思決定が,過去の収益に依存せず,現在の収益だけでなく,将来の収益に依存することに由来する。増税期間の増税による収益の減少が投資に与える効果は,将来の減税による収益の増加に相殺され,大きな効果を持たない。それに対して,無税期間における資本所得税の廃止の効果は,過去の増税による収益の減少に依存しないので,そのままの効果が残るため非常に大きな効果を持つ。

この章の構成は以下の通りである。第2節では,この分野の先行研究について紹介する。第3節では,分析の基本となるモデルを提示する。第4節では,第3節で提示したモデルを分析するための手法を提示する。第5節では,第4節で提示した手法を使用して,具体的な分析をおこなう。第6節は,まとめである。

---

[3]例外的な先行研究として,Jones,Manuelli and Rossi(1993)が存在する。

3.2　先行研究

　ここでは，開ループの枠組みで，代表的個人の経済的厚生を最大化する課税政策について考察した先行研究を紹介する。Chamley(1986)は，労働供給が弾力的なモデルにおいて,2つの定理を解析的に証明した。定常均衡において，資本所得税を廃止する課税政策が，代表的個人の経済的厚生を最大化する（定理1）。一定期間の増税期間（できる限り高い税率で）を置いた後,資本所得税を廃止する課税政策が，代表的個人の経済的厚生を最大化する（定理2）。

　Atkeson,Chari and Kehoe(1999) は,Chamley(1986) の定理1について，いくつかの拡張をおこなっている。タイプの異なる個人により構成される経済においても，定常均衡において，資本所得税を廃止する課税政策が社会的厚生を最大化する（定理4）。内生的成長モデルにおいても，定常均衡において，資本所得税を廃止する課税政策が，代表的個人の経済的厚生を最大化する（定理5）。

　Jones,Manuelli and Rossi(1993) は，内生的成長モデルにおいて，代表的個人の経済的厚生を最大化する課税政策をシミュレーションにより分析している。第1のモデルである労働供給が非弾力的な場合には，資本所得税，労働所得税ともに一定期間の増税期間を置いた後，資本所得税，労働所得税ともに廃止する課税政策が，代表的個人の経済的厚生を最大化することを示している。第2のモデルである労働供給が弾力的な場合にも，資本所得税，労働所得税ともに，なだらかに税率を低下させていき，資本所得税，労働所得税を廃止する課税政策が，代表的個人の経済的厚生を最大化することを示した。第3のモデルである公的資本が生産に影響を及ぼす場合には，定常均衡において，資本所得税が正となる課税政策が，代表的個人の経済的厚生を最大化する課税政策であることを示している。

　Coleman(2000) は,Chamley(1986) の定理2を支持するシミュレーションを提示している。表3.1は，税率の上限がある場合の代表的個人

表 3.1: Coleman(2000) (単位は %)

	1年目	2年目	5年目	無限年
税率の上限 100%				
資本所得税	100	100	100	0
労働所得税	1	12	37	39
税率の上限 50%				
資本所得税	50	50	50	0
労働所得税	19	23	32	45

出所　Coleman(2000)

の経済的厚生を最大化する課税政策の資本所得税と労働所得税の移行経路を示したものである。表 3.1 より導かれる結論を整理すると，以下のようになる。税率の上限を 100% とする場合には，資本所得税率を 100% とする増税する一定期間を置いた後，資本所得税を廃止する課税政策が，代表的個人の経済的厚生を最大化することを示した。そして，税率の上限を 50% とする場合には，資本所得税率を 50% とする増税する一定期間を置いた後，資本所得税を廃止する課税政策が，代表的個人の経済的厚生を最大化することを示している。

　先行研究は，一定期間の増税期間を置いた後，資本所得税を廃止する課税政策が，代表的個人の経済的厚生を最大化することを示しているが，以下の問題に解答を与えていない。第 1 に，上記の課税政策変更後，消費，資本等は，いかなる移行経路を通るのか。第 2 に，何故，上記の課税政策への変更が，代表的個人の経済的厚生を最大化するのか。この章では，一定期間の増税期間を置いた後，資本所得税を廃止する課税政策を採用した場合の消費，資本等の移行経路を提示し，そして，上記の課税政策が，何故，代表的個人の経済的厚生を最大化するのかにつ

いて考察する。

3.3 モデル

　ここでは，閉鎖経済において，一定期間の増税期間を置き，財政余剰を蓄積した後，資本所得税を廃止する無税国家政策について分析するためのモデルを提示する。Chamley(1986) は，労働供給が弾力的な場合において，労働所得税と資本所得税でファイナンスする経済を分析してきたが，ここでは，労働供給が非弾力的[4]な場合において，資本所得税のみによりファイナンスする経済（ただし，この節で提示するモデルにおいて，無税国家政策が，代表的個人の経済的厚生を最大化することが，解析的に証明されているわけではない）について分析する。

　代表的個人は，課税後の利子率 (r_t)，賃金 (w_t)，定額移転 (TR) を与件として，予算制約 (3.2) 式，労働供給制約 (3.3) 式,(3.4) 式の制約を満たした上で,(3.1) 式を最大化するように消費計画 (c_t) を定める。

$$\max \int_0^\infty \exp(-\rho t) u(c_t) dt \quad (3.1)$$

$$c_t + \dot{a}_t = r_t a_t + w_t l_t + TR \quad (3.2)$$

$$l_t = 1 \quad (3.3)$$

$$\lim_{t \to \infty} \exp(-\int_0^t r_s ds) a_t = 0 \quad (3.4)$$

---

　[4]労働供給の非弾力性を仮定した理由は，労働供給の非弾力性を仮定し，労働所得税を排除することにより，資本所得税の異時点間の配分に議論を集中するためである。

ρ; 主観的割引率
$u(*)$; 効用関数
a_t; t 期の資産
l_t; t 期の労働供給量

上記の式をオイラー方程式で解くと，以下の式が導ける．

$$\dot{u}_c/u_c = \rho - r_t \tag{3.5}$$

u_c; 消費の限界効用

効用関数 (u) は CRRA 型関数であると仮定する．

$$u(c_t) = \frac{c_t^{1-\sigma}}{1-\sigma} \tag{3.6}$$

上記の式を (3.5) 式に代入すると，以下の式が導ける．

$$\dot{c}_t/c_t = \frac{r_t - \rho}{\sigma} \tag{3.7}$$

生産関数 (f) はコブ＝ダグラス関数を仮定する．

$$f(k_t, l_t) = k_t^a l_t^{1-a} \tag{3.8}$$

k_t; t 期の資本

賃金 (w_t) は (3.3) 式と上記の式より以下の式のように定まる．

$$w_t = (1-a)k_t^a \tag{3.9}$$

課税後の利子率 (r_t) も同様に以下の式のように定まる．

$$r_t = (1-\tau_t)ak_t^{a-1} \tag{3.10}$$

τ_t;t 期の資本所得税

政府は,独自の消費活動をおこなわず,毎期一定の定額移転 (TR) のみをおこなうと仮定し,さらに,そのための資金を資本所得税による税収 (g_t) と国債の発行によりファイナンスすると仮定する。

$$g_t = \tau_t a k_t^a \tag{3.11}$$

$$\dot{b}_t = r_t b_t + TR - g_t \tag{3.12}$$

b_t;t 期の国債の累積額

国債の累積額 (b_0) は,初期時点において以下の条件を満足すると仮定する。

$$b_0 = 0 \tag{3.13}$$

政府は,以下の条件式を満たすように,課税計画 (τ_t) を定めると仮定する。

$$\lim_{t \to \infty} \dot{b}_t = 0 \tag{3.14}$$

政府は独自の消費活動を行わないので,資本蓄積[5]は以下の式のように定まる。

$$\dot{k}_t = k_t^a - c_t \tag{3.15}$$

無税国家政策を採用する以前,また,無税国家政策を採用しなかった場合には,税率一定 ($\tau_t = \bar{\tau}$) で定常均衡にあると仮定する。消費 ($\bar{c}$),資本 ($\bar{k}$) は,(3.7),(3.15) 式より,下記の式のように定まる。

---

[5]単純化のため,資本の減価償却率はゼロとする。

$$\bar{k} = (a(1-\bar{\tau})/\rho)^{1/(1-a)} \tag{3.16}$$

$$\bar{c} = \bar{k}^a \tag{3.17}$$

定額移転 (TR) は,(3.13),(3.14) 式より, 下記の式が成立する。下記の式により定まる定額移転 (TR) は, 無税国家政策変更後も一定とする。

$$TR = \bar{\tau} a \bar{k}^a \tag{3.18}$$

税率一定 ($\tau_t = \bar{\tau}$) で, 定常均衡にある経済を一定期間の増税期間 ($0 < t < t_h$) を置き, 財政余剰を蓄積した後, 資本所得税を廃止する無税国家政策を採用した場合の消費 (c_t), 資本 (k_t), 国債累積額 (b_t) の移行経路について考察する。無税国家政策変更直後の資本 (k_0), 国債の累積額 (b_0) の初期点は, 以下の式が成立する。

$$k_0 = \bar{k} \tag{3.19}$$

$$b_0 = 0 \tag{3.20}$$

それに対して, 無税国家政策変更後の消費の初期点 (c_0) は未知数である。代表的個人は, 投資収益率[6]に応じて消費を決定する。投資収益率が高ければ, 現在の消費を減少させ, 投資を増加させる。投資収益率が低ければ, 現在の消費を増加させ, 投資を減少させる。注意しな

---

[6]投資収益率 (R) を以下の式のように定義する。
$R(t_1, t_2) = \exp(\int_{t_1}^{t_2}(r_s - \rho)ds)$
(3.5) 式より, 以下の式が導ける。
$u_c(c_{t_1}) = \exp(\int_{t_1}^{t_2}(r_s - \rho)ds)u_c(c_{t_2})$
上記の式より, 以下の式が成立する。
$c_t = \hat{c}(\lim_{s \to \infty} R(t,s)^{-1/\sigma})$
$\hat{c}$; 定常均衡における消費

図 3.1: 消費, 資本の位相図

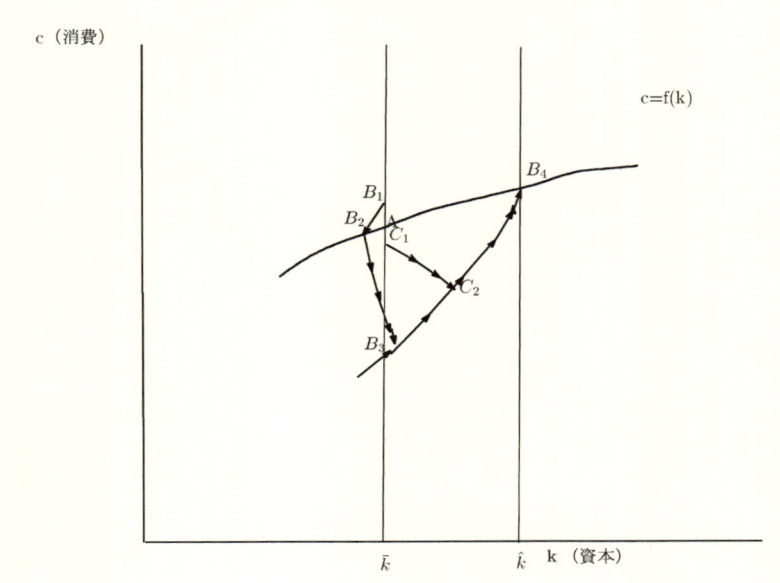

図 3.1 は, 無税国家政策の消費, 資本の移行経路を示したものである。定常均衡 A 点から B_1 へジャンプした後, 増税期間においては, $B_1 \rightarrow B_2 \rightarrow B_3$ を通り, 無税期間においては, $B_3 \rightarrow B_4$ へと進む。

ければならないのは投資収益率が, 現在の課税後の利子率だけではなく, 将来の課税後の利子率にも依存する点である。無税国家政策への変更は, 増税期間における課税後の利子率の低下を招くと同時に, 無税期間における利子率の上昇をもたらす効果を持つ。無税国家政策変更直後の消費は, 増税期間の増税による利子率の低下の効果だけではなく, 無税期間における資本所得税廃止による利子率の上昇の効果も考慮して決定される。図 3.1 は, 税率一定で定常均衡にある経済を一定期間の増税期間を置き, 財政黒字を蓄積した後, 資本所得税を廃止す

図 3.2: 増税期間

[図: 縦軸 c（消費）、横軸 k（資本）の位相図。$\bar{k}$ と $\hat{k}$ の縦線、$c=f(k)$ の曲線。A点から B_1 へジャンプし、$B_1 \to B_2 \to B_3$、および B_4、$C_1 \to C_2$ が示されている]

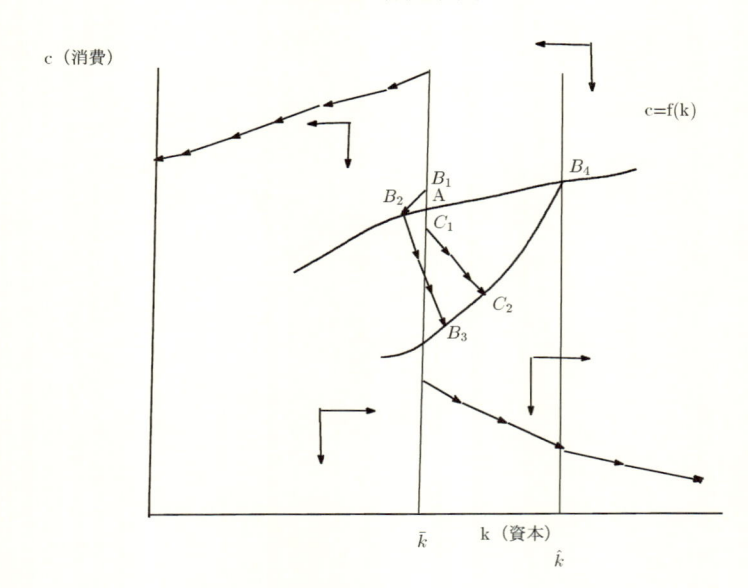

図 3.2 は, 増税期間の消費, 資本の移行経路を示したものである。定常均衡 A 点から B_1 へジャンプした後, $B_1 \to B_2 \to B_3$ へと進む。

る無税国家政策を採用した場合の消費, 資本の移行経路を示す位相図である。図 3.1 の横軸は資本を示し, 縦軸は消費を示している。無税国家政策変更直後, 税率一定で定常均衡である A 点 $(\bar{c}, \bar{k})$ から B_1 点 $(c_0, \bar{k})$ へとジャンプする[7]。

---

[7]ここでは, 無税国家政策変更直後, 消費が, A 点から B_1 点へと上方にジャンプし, $B_1 \to B_2 \to B_3 \to B_4$ へと進む場合について考察していくが, 無税国家政策変更直後, 消費が, A 点から C_1 点へと下方にジャンプし, $C_1 \to C_2 \to$ へと進む場合も理論上考えられる。ただし, C_1 点から出発する場合, 増税期間は, B_1 点から出発する場合と比較して, 増税期間は短くなる。増税期間が短くなれば, 増税期間で蓄積される財政余剰は小さくならざるを得ない。経験上, C_1 点のような A 点を下回る点から出発する場合, 財政破綻をきたす。

第3章 無税国家政策の数値解析

増税期間 $(0 < t < t_h)$ における消費 (c_t), 資本 (k_t), 国債の累積額 (b_t) の移行経路は, 下記の非線形連立微分方程式で表現することができる。

$$\dot{c}_t/c_t = \frac{a(1-\tau_h)k_t^{a-1} - \rho}{\sigma} > 0 \tag{3.21}$$

$$\dot{k}_t = k_t^a - c_t \tag{3.22}$$

$$\dot{b}_t = a(1-\tau_h)k_t^{a-1}b_t + TR - \tau_h a k_t^a \tag{3.23}$$

τ_h; 増税期間の資本所得税率

増税期間において, 消費は一貫して減少していく。何故ならば, 増税期間の残りが短くなり, 投資収益率に及ぼす増税期間の影響が小さくなり, 投資収益率が上昇するからである。消費は, 投資収益率の上昇に沿って減少していく。図3.1 では, 増税期間の移行経路は $B_1 \to B_2 \to B_3$ で示されている。(詳しくは, 増税期間の消費, 資本の移行経路の位相図である図3.2 参照。図3.2 の横軸は資本を示し, 縦軸では消費を示している。)

増税期間の消費, 資本, 国債の累積額の期末点（無税期間の初期点）$(c_{t_h}, k_{t_h}, b_{t_h})$ は, すべて未知数である。無税期間 $(t > t_h)$ における消費 (c_t), 資本 (k_t), 国債の累積額 (b_t) の移行経路は, 下記の非線形連立微分方程式で表現できる。

$$\dot{c}_t/c_t = \frac{ak_t^{a-1} - \rho}{\sigma} < 0 \tag{3.24}$$

$$\dot{k}_t = k_t^a - c_t \tag{3.25}$$

$$\dot{b}_t = ak_t^{a-1}b_t + TR \tag{3.26}$$

無税国家政策を採用した場合の消費 ($\hat{c}$), 資本 ($\hat{k}$) の定常均衡は, 上記の式より, 下記のように定まる。

$$\hat{k} = (a/\rho)^{1/(1-a)} \tag{3.27}$$

$$\hat{c} = \hat{k}^a \tag{3.28}$$

さらに, (3.14), (3.26) 式より, 定常均衡における国債の累積額 ($\hat{b}$) は, 以下の式を満たす必要がある。

$$\hat{b} = -\frac{TR}{\rho} \tag{3.29}$$

無税期間において, 消費は一貫して上昇していく。資本蓄積が進むにつれ, 資本の限界生産性が低下し, 投資収益率が下落していく。投資収益率の下落は, 消費を増加させる。図 3.1 では, 無税期間の移行経路は, $B_3 \to B_4$ で示される（詳しくは, 無税期間の消費, 資本の移行経路の位相図である図 3.3 参照。図 3.3 の横軸は資本を示し, 縦軸は消費を示している）。

この節では, 税率一定で定常均衡にある経済を一定期間の増税期間 ($0 < t < t_h$) を置き, 財政黒字を蓄積した後, 資本所得税を廃止する無税国家政策を採用した場合の消費 (c_t), 資本 (k_t), 国債の累積額 (b_t) の移行経路を示す非線形連立微分方程式を提示してきた。ただし, 消費 (c_t), 資本 (k_t), 国債の累積額 (b_t) の移行経路を求めるためには, 以下の問題点を解決する必要がある。第 1 の問題点は, 消費 (c_t), 資本 (k_t), 国債の累積額 (b_t) の移行経路を示す式が, 非線形連立微分方程式で表現されている点である。非線形微分方程式は, 一般に, 解析的に解けない。この場合も, 解析的には解けない。第 2 の問題点は, 初期値に未知

図 3.3: 無税期間

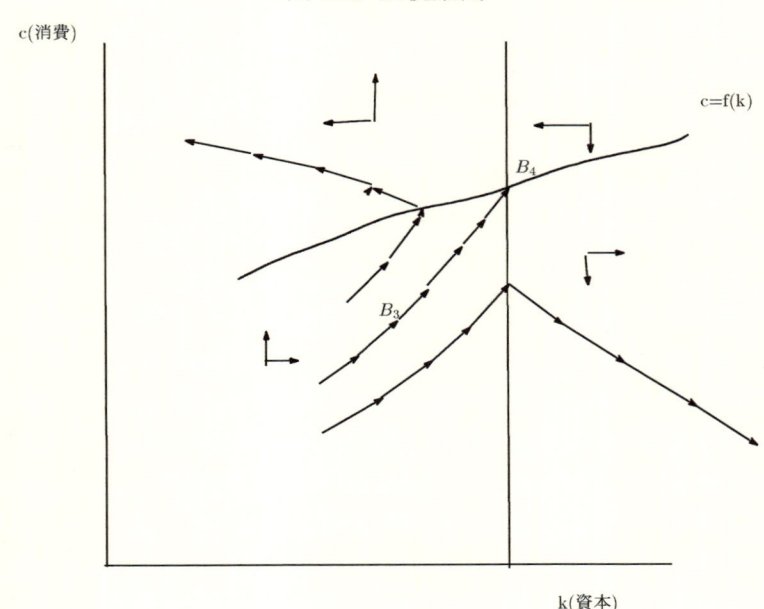

図 3.3 は, 無税期間の消費, 資本の移行経路を示したものである. $B_3 \to B_4$ へと進む.

数が含まれる点である. 微分方程式を解くには, 初期値が既知である必要がある. 増税期間の資本 (k_0), 国債の累積額 (b_0) の初期値は既知だが, 消費の初期値 (c_0) は未知数である. また, 無税期間の消費 (c_{t_h}), 資本 (k_{t_h}), 国債の累積額の初期値 (b_{t_h}) はすべて未知数である. 第3の問題点は, 増税期間 $(0 < t < t_h)$ が未知数である点である. 増税期間 $(0 < t < t_h)$ は, (3.14) 式を満足するように定める必要がある.

3.4 数値解析

　従来,税制改革の効果を分析するための手法として,税制改革前の定常均衡と税制改革後の定常均衡を比較する方法が主流であった。均衡間の比較による分析は,税制改革の効果を正確に評価したものとは言えない。何故ならば,税制改革後,税制改革前の定常均衡から,直ちに,税制改革後の定常均衡へと到達するわけではない。税制改革後,長い移行経路を経て,税制改革後の定常均衡へと到達する。均衡間の比較による分析の場合,移行経路を無視して分析するために,税制改革の効果を過大評価しがちである。税制改革の効果を正確に分析するためには,移行経路を含めた上で,税制改革の効果を評価する必要がある。

　1980 年代に入り,税制改革の効果を移行経路を含めた上で分析する Chamley(1981),Bernheim(1981) に始まる税制改革の動学的分析[8]が台頭してきた。ただし,それらの先行研究の歩みは,順調ではなく,技術的な問題に悩まされてきた。第 1 の問題は,移行経路を示す非線形連立微分方程式は解析的に解けない点である。非線形微分方程式は,一般に,解析的に解くことは困難である。第 2 の問題は,移行経路を示す非線形連立微分方程式は,初期値に未知数が含まれる点である。微分方程式を解くには,初期値が既知である必要がある。初期値に未知数が含まれる場合に微分方程式を解くのは困難である。第 1 の問題は,数値解析の使用により,問題を解決可能だったが,第 2 の問題は,1990 年代に入るまで,適当な解決手法がなかった。

　1990 年代に入り,time elimination method[9]や backward shooting method の登場が,第 2 の問題点を解決した。税制改革後の移行経路の初期点には未知数が含まれている。このままでは,税制改革後の移行経路を示す微分方程式を解くことはできない。しかし,期末点であ

---

　[8]税制改革の動学的分析の主な先行研究には,Lucas(1990), Correia(1996),King and Rebelo(1990),Jones,Manuelli and Rossi(1993),Chamely(1986) 等がある。

　[9]Mulligan and Sala-i-Martin(1993),西岡 (1995) 参照

る税制改革後の定常均衡は,すべて既知である。期末点である税制改革後の定常均衡を初期点として,移行経路を表す非線形連立微分方程式を時間に関して逆向きに解けば,未知数である初期点を求めることができる。このアイデアにより,先行研究を悩ましてきた技術的問題は解決した。

ただし,それらの手法は,無税国家政策を分析するために,直接適用可能な手法ではない。time elimination method や backward shooting method 等の手法は,税率変更は一度限りであることを前提としていた。一定の増税期間を置いた後,資本所得税を廃止する無税国家政策は,初期時点における増税とその後の資本所得税廃止の税率変更が2度あることを前提としている。つまり,上記の手法は,適用不能なのである。無税国家政策変更後の移行経路を求めるためには,新たな手法を独自に開発する必要がある。

3.4.1　time elimination method

無税期間 ($t > t_h$) の消費 (c_{t_h}), 資本 (k_{t_h}), 国債の累積額 (b_{t_h}) の初期点は,すべて未知数である。このままでは,無税期間の消費,資本,国債の累積額の移行経路を示す非線形連立微分方程式を解くことはできない。しかし,期末点である税制改革後の定常均衡の消費 ($\hat{c}$), 資本 ($\hat{k}$), 国債の累積額 ($\hat{b}$) は,すべて既知である。税制改革後の定常均衡を初期点として,非線形微分方程式を時間に関して逆向きに解けば,無税期間における資本に関する消費の関数 ($con(k)$), 国債の累積額の関数 ($bud(k)$) を求めることができる。

無税期間 ($t > t_h$) における消費 (c_t), 資本 (k_t) の移行経路は,下記の非線形連立微分方程式で表現できる。

$$\dot{c}_t/c_t = \frac{(ak_t^{a-1} - \rho)}{\sigma} \tag{3.30}$$

$$\dot{k}_t = k_t^a - c_t \tag{3.31}$$

上記の式から，以下の非線形微分方程式が導ける。

$$c'(k) = \dot{c}/\dot{k} = \frac{c(ak^{a-1}-\rho)}{\sigma(k^a - c)} \tag{3.32}$$

上記の非線形の微分方程式を無税国家政策への変更後の定常均衡 $(\hat{c}, \hat{k})$ を初期点として，数値解析を使用して解くと，無税期間における資本における消費の関数 $(con(k))$[10]が導ける。

$$con(k) = c(k) \tag{3.33}$$

さらに，無税期間 $(t > t_h)$ における資本に関する必要国債累積額[11]の関数 $(bud(k))$ も同様な手法で導くことができる。(3.25),(3.26) 式と上記の式から，以下の式が導ける。

$$b'(k) = \frac{\dot{b}}{\dot{k}} = \frac{ak^{a-1}b + TR}{k^a - con(k)} \tag{3.34}$$

上記の非線形微分方程式を無税国家政策への変更後の定常均衡 $(\hat{b}, \hat{k})$ を初期点として数値解析で解くと，無税期間における必要国債累積額の資本における関数 $(bud(k))$ が導ける。

$$bud(k) = b(k) \tag{3.35}$$

---

[10]この項で数値解析を使用して導くことが可能なのは，無税期間における資本に関する消費，国債累積額に関する関数である。増税期間における資本に関する消費，国債累積額に関する関数，無税期間における時間に関する消費，国債累積額に関する関数も解けていない。con, bud は, c_t, b_t が，全期間に対応する時間に関する消費，国債の累積額の関数であるのに対して，無税期間のみに対応する資本に関する消費，国債の累積額の関数である。

[11]必要国債累積額とは，正にも，負にも国債が発散しないために，この時点で，必要な国債の累積額のことである。

3.4.2 繰り返し

増税期間 ($0 < t < t_h$) における資本 (k_0), 国債の累積額 (b_0) の初期値は既知であるが, 消費の初期値 (c_0) は未知数である。また, 増税期間の期末における消費 (c_{t_h}), 資本 (k_{t_h}), 国債の累積額 (b_{t_h}) は, すべて未知数である。つまり, 増税期間の移行経路を示す非線形連立微分方程式は, 前向きにも, 後ろ向きにも解くことはできない。そこで, 増税期間における消費の初期点 (c_0) を任意の値 (c_{start}) を仮定することから始める。

3.4.3 増税期間における移行経路

増税期間 ($0 < t < t_h$) における消費 (c_t), 資本 (k_t), 国債の累積額 (b_t) の移行経路は以下の非線形の連立微分方程式で表現できる。

$$\dot{c}_t/c_t = \frac{a(1-\tau_h)k_t^{a-1} - \rho}{\sigma} \tag{3.36}$$

$$\dot{k}_t = k_t^a - c_t \tag{3.37}$$

$$\dot{b}_t = (1-\tau_h)ak_t^{a-1}b_t + TR - \tau_h a k_t^a \tag{3.38}$$

上記の非線形の連立微分方程式を $(c_0, k_0, b_0) = (c_{start}, \bar{k}, 0)$ を初期点として, $c_t = con(k_t)$ が成立する時点 (t_h) まで数値解析で解く。

3.4.4 分岐

(3.14) 式の条件を満たすためには, 下記の式が成立する必要がある。

$$bud(k_{t_h}) = b_{t_h} \tag{3.39}$$

上記の式が成立する場合, 無税期間の移行経路へと進む。上記の式が成立しない場合, 消費の初期点 (c_{start}) を適当な値に変更して, 繰り返しへと戻る。

3.4.5 無税期間の移行経路

time elimination method においては, 無税期間 ($t > t_h$) の消費 (c_t), 資本 (k_t), 国債の累積額 (b_t) の移行経路は, 資本に関する消費の関数 ($con(k)$), 資本に関する国債の累積額の関数 ($bud(k)$) という形で求めることができたが, 無税期間 ($t > t_h$) の消費 (c_{t_h}), 資本 (k_{t_h}), 国債の累積額の初期値 (b_{t_h}) が, いずれも未知数であったため, 時間に関する消費 (c_t), 資本 (k_t), 国債の累積額 (b_t) の関数を求めることができなかった。ここでは, 無税期間 ($t > t_h$) における消費 (c_{t_h}), 資本 (k_{t_h}), 国債の累積額 (b_{t_h}) の初期値は既知なので, 解くことが可能である。

無税期間 ($t > t_h$) の資本の移行経路 (k_t) は, 以下の非線形微分方程式で表現できる。

$$\dot{k}_t = k_t^a - con(k_t) \tag{3.40}$$

前項で求めた増税期間の期末の資本 (k_{t_h}) を初期点として, 上記の非線形の微分方程式を数値解析で解くと, 無税期間の資本の移行経路 (k_t) が導ける。

$$k_t = k_t \tag{3.41}$$

無税期間の消費の移行経路 (c_t) は, 上記の式を (3.30) 式に代入することにより導ける。

$$c_t = con(k_t) \tag{3.42}$$

無税期間の国債の累積額の移行経路 (b_t) は,(3.41) 式を (3.35) に代入することにより導ける。

$$b_t = bud(k_t) \qquad (3.43)$$

3.5 分析

Chamley(1986) は, 一定期間の増税期間（できる限り高い税率で）を置いた後, 資本所得税を廃止する無税国家政策が, 代表的個人の経済的厚生を最大化する課税政策であることを証明[12]した。ただし,Chamley(1986) は証明しただけで, 何故, 無税国家政策への変更が, 代表的個人の経済的厚生を最大化するのか, 無税国家政策変更後, 消費, 資本等の移行経路はいかなる移行経路を通るのか, さらに, 無税国家政策への変更が, 経済的厚生をどれほど改善するのかという基本的な問題に解答を与えていない。この節では, 前節で提示した手法を利用して,Chamley(1986) の残した課題について分析する。

表 3.2 は, この分析で使用するパラメータの仮定についてまとめたものである。主観的割引率, 異時点間の代替の弾力性に関する日本の実証研究として, 小川 (1985), 羽森 (1996) 等がある。羽森 (1996) は, 主観的割引率を 0.001 と推定し, 異時点間の代替の弾力性について約 6.7 と推定している。また, 小川 (1985) は, 主観的割引率を 0.002 と推定し, 異時点間の代替の弾力性について 3.246 と推定している。実証研究ごとにばらつきが大きく, 適当な推定値があるように思われない。アメリカにおける実証研究においても同様である。そのため,Chamley(1981) や Jones,Manuelli and Rossi(1993) 等の税制改革の動学的分析の先行研究では, パラメータの仮定をあまり厳密に検討することなく大胆

---

[12] ただし, この章が提示したモデルにおいて, 無税国家政策が代表的個人の経済的厚生を最大化することは, 解析的には証明されていない。

表 3.2: パラメータの仮定

名称	記号	数値
主観的割引率	ρ	0.05
異時点間の代替弾力性の逆数	σ	2
	a	0.33
資本所得税	$\bar{\tau}$	0.2
初期時点の資本	$\bar{k}$	11.98
初期時点の国債の累積額	$\bar{b}$	0

に仮定している。Chamley(1981) は, 異時点間の代替の弾力性の逆数 (σ) について 0.5,1,1.5,2 と仮定し, 主観的割引率は, 異時点間の代替の弾力性の仮定に応じて変化させ, それぞれについて分析している。Jones, Manuelli and Rossi(1993) は, 主観的割引率を 0.02 と仮定し, 異時点間の代替の弾力性の逆数について 1.01,1.5,2,2.5 と仮定し, それぞれについて分析している。この章においても, パラメータは暫定的に仮定し, 必要に応じて, パラメータを変更して分析するという方法を採用する。

　税率一定で定常均衡にある経済を資本所得税を 50% に増税する増税期間[13]を置き, 財政余剰を蓄積した後, 資本所得税を廃止する無税国家政策へ変更した場合の消費, 資本, 国債の累積額の移行経路を図示する。図 3.4 は, 無税国家政策を採用した場合の消費 (c_t) の移行経路を図示したものである。図 3.4 の横軸は期間を示し, 縦軸は消費を示している。消費は, 無税国家政策変更直後, 急激に上昇した後, 増税期

---

[13]増税期間が 9.89 の場合について分析した。この場合, 以下の条件を満足する。
$\lim_{t \to \infty} b_t = 0$
　増税期間が 9.89 を超える場合, 財政余剰が正の方向に発散する。増税期間が, 9.89 を下回る場合, 財政余剰が負の方向に発散する。また, 増税期間の税率が高いほど, 増税期間は短くなる。そして, 増税期間の税率が低いほど, 当然, 増税期間は長くなる。

図 3.4: 消費の移行経路（無税国家政策）

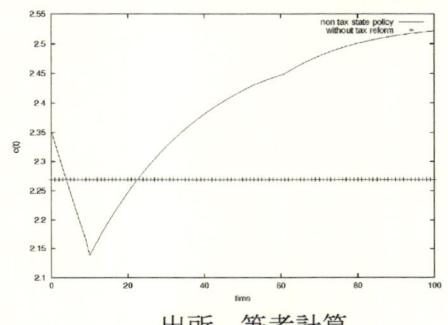

出所　筆者計算

資本所得税率を 20% で一定とする場合と資本所得税率を 50% に増税する増税期間を 9.89 期間置いた後，資本所得税を廃止する無税国家政策を採用した場合の消費の移行経路を比較したものである。ちなみに，使用したパラメータは，主観的割引率 (ρ) は 0.05，異時点間の代替の弾力性の逆数 (σ) は 2 である。

間を通じて減少し，無税期間に入ると上昇に転じる。この移行経路を投資収益率という概念を使用して説明する。投資収益率 (R) を以下の式のように定義する。

$$R(t_1, t_2) = \exp(\int_{t_1}^{t_2} (r_s - \rho) ds) \tag{3.44}$$

代表的個人は，投資収益率 (R) に応じて，現在の消費 (c_t) を決定する。

$$c_t = \hat{c} \lim_{s \to \infty} R(t, s)^{-1/\sigma} \tag{3.45}$$

$\hat{c}$; 定常均衡の消費

投資収益率 (R) が高ければ，現在の消費 (c_t) を減少させ，投資を増加させる。投資収益率 (R) が低ければ，現在の消費 (c_t) を増加させ，投資を減少させる。注意しなければならないのは投資収益率 (R) が，現在の課税後の利子率 (r_t) だけではなく，将来の課税後の利子率にも依存する点である。増税期間 ($0 < t < t_h$) において，消費は一貫して減

図 3.5: 資本の移行経路（無税国家政策）

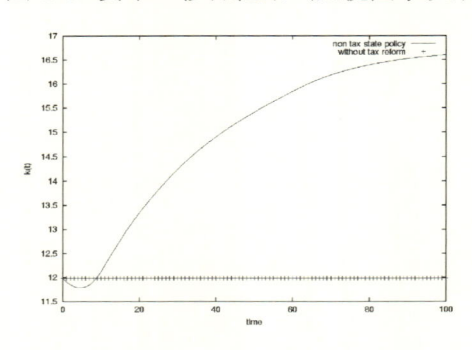

出所　筆者計算

資本所得税率を 20% で一定とする場合と資本所得税率を 50% に増税する増税期間を 9.89 期間置いた後, 資本所得税を廃止する無税国家政策を採用した場合の資本の移行経路を比較したものである. ちなみに, 使用したパラメータは, 主観的割引率 (ρ) は 0.05, 異時点間の代替の弾力性の逆数 (σ) は 2 である.

少していく. 何故ならば, 時間が経過するごとに, 投資収益率 (R) に影響する増税期間が短くなり, 投資収益率 (R) が上昇するためである. 無税期間に入ると, 消費は一転して上昇に転じる. 何故ならば, 資本所得税の廃止により, 資本蓄積が進む. 資本蓄積が進むにつれ, 資本の限界生産性が低下し, 投資収益率は下落していく. 投資収益率の下落は消費を増加させる.

図 3.5 は, 無税国家政策を採用した場合の資本の移行経路を図示したものである. 図 3.5 の横軸は期間を示し, 縦軸は資本を示している. 資本は, 増税期間においてほぼ減少し, 無税期間において増加に転じる. ただし, 増税期間の資本の減少は, 無税期間の資本の増加と比較すると非常に小さい. この非対称性は, 投資の意思決定が, 現在の収益だけではなく, 将来の収益にも依存することに由来する. 増税期間の増税による資本蓄積へのマイナスの効果は, 将来の資本所得税の廃止に

よる資本蓄積へのプラスの効果に相殺されるため，あまり大きな効果を持たない．それに対して，投資の意思決定は，過去の収益に依存しないので，増税期間における増税の影響をうけないので，無税期間における資本所得税の廃止による資本蓄積へのプラスの効果はそのままの効果が残る．図 3.6 は，無税国家政策を採用した場合の国債の累積額の移行経路を示したものである．図 3.6 の横軸は期間を示し，縦軸は国債の累積額を示している．

Chamley(1986) は，一定期間の増税期間（できる限り高い税率）を置いた後，資本所得税を廃止する無税国家政策が，代表的個人の経済的厚生を最大化する課税政策であることを証明した．しかし，無税国家政策が，代表的個人の経済的厚生をどの程度改善するのかは明らかにしていない．ここでは，無税国家政策が，本当に，代表的個人の経済的厚生を改善するのか，どの程度，経済厚生を改善するのかについて検証する．表 3.3 は，資本所得税率 (20%) で定常均衡にある経済を一定の増税期間を置き，財政黒字を蓄積した後，資本所得税を廃止する無税国家政策に変更した場合の代表的個人の厚生上の効果[14]について分析した結果をまとめたものである．表 3.3 の第 1 列は，増税期間の資本所得税率を示し，第 2 列は，(3.14) 式を満足する増税期間を示し，第 3 列は，税制改革前の定常均衡を基準として，無税国家政策に変更した場合の代表的個人の経済的厚生を比較したものである．表 3.3 から導

---

[14]代表的個人の厚生上の効果を計測する方法を提示する．
$u1 = \int_0^\infty \exp(-\rho t)u(c_t)dt$
c_t; 無税国家政策を採用した場合の消費の移行経路
以下の式が成立するような wel を求める．
$u1 = \int_0^\infty \exp(-\rho t)u((1+wel)\bar{c})dt$
$\bar{c}$: 税率一定政策における消費
例えば，wel が 0.05 であるとするならば，代表的個人の経済的厚生を 5% 改善したと定義する．

図 3.6: 国債の累積額の移行経路（無税国家政策）

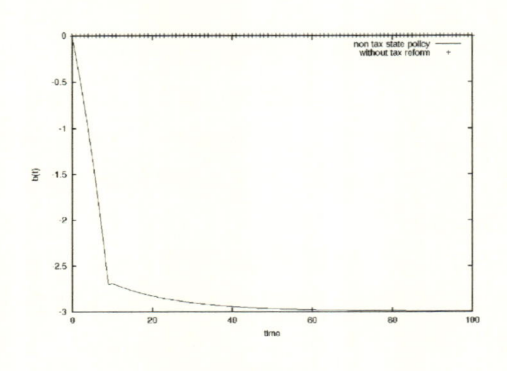

出所　筆者計算

資本所得税率を 20% で一定とする場合と資本所得税率を 50% に増税する増税期間を 9.89 期間置いた後, 資本所得税を廃止する無税国家政策を採用した場合の国債の累積額の移行経路を比較したものである。ちなみに, 使用したパラメータは, 主観的割引率 (ρ) は 0.05, 異時点間の代替の弾力性の逆数 (σ) は 2 である。

表 3.3: 無税国家政策（単位は %）

増税期間の税率	増税期間	経済厚生
40	13.47	0.20
50	9.89	0.24
70	6.47	0.3
100	4.27	0.34

出所　筆者計算

表 3.4: パラメータを変更した場合

ρ	σ	初期時点の資本	増税期間の税率	増税期間	経済的厚生
0.05	2	11.98	50	9.89	0.24
0.05	2	11.98	100	4.27	0.34
0.01	2	132.37	50	49.86	0.26
0.01	2	132.37	100	26.28	0.35
0.05	1.05	11.98	50	10.13	0.22
0.05	1.05	11.98	100	4.34	0.38

出所　筆者計算

ける結論は以下の通りである。第1に,無税国家政策への変更は,代表的個人の厚生を改善する方向に働く。第2に,増税期間における資本所得税率が高いほど,代表的個人の厚生は高くなる。この結論は,一定期間の増税期間（できる限り高い税率）を置いた後,資本所得税を廃止する無税国家政策が,代表的個人の経済的厚生を最大化するというChamley(1986) の導いた定理を支持するものである。

表3.3から導かれた結論は,パラメータの仮定に依存している可能性があるので,パラメータを変更して,追試する必要がある。表3.4は,パラメータを変更して,表3.3と同様の分析をおこなった結果をまとめたものである。表3.4の第1列,第2列,第3列では,パラメータの仮定を示し,第4列では,増税期間における税率を示し,第5列では,増税期間を示し,そして,第6列では,資本所得税率20%で定常均衡にある場合を基準として,無税国家政策に変更した場合の代表的個人の経済的厚生を比較したものである。表3.4から導かれる結論を整理すると,表3.3と同様に以下の結論が導かれる。第1に,税率一定政策から

図 3.7: 消費の移行経路（逆無税国家政策）

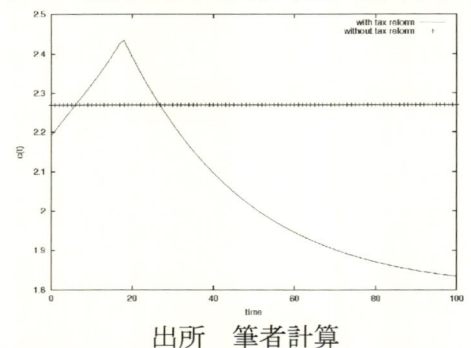

出所　筆者計算

資本所得税率を廃止する無税期間を 17.49 期間置いた後, 資本所得税を 50% に増税する逆無税国家政策を採用した場合の消費の移行経路を図示したものである。ちなみに, 使用したパラメータは, 主観的割引率 (ρ) は 0.05, 異時点間の代替の弾力性の逆数 (σ) は 2 である。

図 3.8: 資本の移行経路（逆無税国家政策）

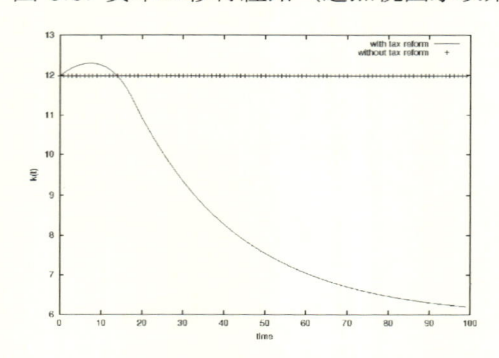

出所　筆者計算

資本所得税率を廃止する無税期間を 17.49 期間置いた後, 資本所得税を 50% に増税する逆無税国家政策を採用した場合の資本の移行経路を図示したものである。ちなみに, 使用したパラメータは, 主観的割引率 (ρ) は 0.05, 異時点間の代替の弾力性の逆数 (σ) は 2 である。

無税国家政策への変更は，代表的個人の厚生を改善する．第2に，増税期間における資本所得税率が高いほど，代表的個人の厚生は高くなる．

これまでは，一定の増税期間を置き，財政黒字を蓄積した後，資本所得税を廃止する無税国家政策を採用した場合の経済上の効果について分析してきた．ここからは，一定の無税期間を置き，無税期間に累積した財政赤字をファイナンスするために，増税する逆無税国家政策を採用した場合の経済効果について分析する．

図3.7は，税率一定 ($\tau = 0.2$) で定常均衡にある経済を一定期間の無税期間[15]を置いた後，資本所得税を50%に増税する逆無税国家政策を採用した場合の消費の移行経路を図示したものである．図3.7の横軸は期間を示し，縦軸は消費を示している．消費は，逆無税国家政策採用直後，急減に減少し，無税期間においては，一貫して上昇する．そして，増税期間に入ると，減少に転じる．図3.8は，逆無税国家政策を採用した場合の資本の移行経路を図示したものである．図3.8の横軸は期間を示し，縦軸は資本を示している．無税期間はほぼ資本は増加し，増税期間に入ると減少に転じる．ただし，無税期間の資本蓄積の増加は，増税期間における資本蓄積の減少と比較すると，非常に小さい．この非対称性は，投資の意思決定が，現在の収益だけではなく，将来の収益にも依存することに由来する．無税期間における資本所得税の廃止の資本蓄積に与える効果は，将来の増税期間における増税の効果に相殺されるため大きな効果を持たない．それに対して，投資の意思決定は，過去の収益には依存しないので，無税期間の資本所得税廃止の効果に影響されないので，増税期間における増税の資本蓄積へのマイナスの効果は，そのまま残る．図3.9は，国債の累積額の移行経路を図示したものである．図3.9の横軸は期間を示し，縦軸は国債の累積額を示している．

---

[15] 無税期間は，17.49．無税期間が17.49を超える場合，財政余剰が負の方向に発散する．無税期間が，17.49を下回る場合，財政余剰が正の方向に発散する．無税期間と増税期間の税率の関係は，表3.5参照．

図 3.9: 国債の移行経路（逆無税国家政策）

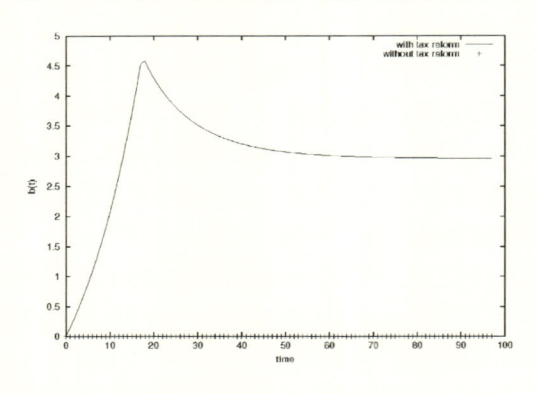

出所　筆者計算

資本所得税率を廃止する無税期間を 17.49 期間置いた後，資本所得税を 50% に増税する逆無税国家政策を採用した場合の国債の累積額移行経路を図示したものである。ちなみに，使用したパラメータは，主観的割引率 (ρ) は 0.05，異時点間の代替の弾力性の逆数 (σ) は 2 である。

表 3.5: 逆無税国家政策（単位は %）

増税期間の税率	無税期間	経済厚生
30	7.68	-0.45
40	13.25	-0.91
50	17.49	-1.45
60	21.15	-2.09
70	24.45	-2.86

出所　筆者計算

表 3.5 は,資本所得税率 20% で定常均衡にある経済を一定の無税期間を置き,無税期間に累積した財政赤字をファイナンスするため,増税する逆無税国家政策を採用した場合の代表的個人の経済的厚生に与える効果を分析したものである。表 3.5 の第 1 列は,増税期間の資本所得税率を示し,第 2 列は,(3.14) 式を満足する無税期間を示し,第 3 列は,資本所得税率で 20% で定常均衡における代表的個人の経済的厚生を基準として,逆無税国家政策に変更した場合の代表的個人の経済的厚生を比較したものである。表 3.5 から導かれる結論を整理すると以下のようになる。第 1 に,逆無税国家政策への変更は,代表的個人の経済的厚生を悪化させる。第 2 に,増税期間の税率が高いほど,代表的個人の経済的厚生を悪化させる。

最後に,一定期間の増税期間を置いた後,資本所得税を廃止する無税国家政策が,代表的個人の経済的厚生を最大化する理由について考察する。資本所得税は,異時点間の資源配分を歪める。このことは,いかなる時点で,いかなる税率で課税しようとも同じである。ただし,その効果の大きさは,大きく異なる。資本所得税の増減税は,当期だけでなく,事前の資本蓄積に影響し,事後の資本蓄積には影響しない。例えば,無税国家政策の場合,増税期間の増税の資本蓄積に与える効果は,増税期間のみに影響し,無税期間の資本蓄積には影響しない。それに対して,無税期間の減税の資本蓄積に与える効果は,無税期間だけでなく,増税期間の資本蓄積に影響を与える。そのため,図 3.5 のように,資本所得税の増減税の効果は非対称的である。無税期間の減税の効果に影響される増税期間の資本蓄積のマイナスの効果は小さく,増税期間の増税に影響されない無税期間の資本蓄積のプラスの効果は大きい。また,逆無税国家政策の場合,無税期間の減税の資本蓄積に与える効果は,無税期間のみに影響し,増税期間の資本蓄積には影響しない。そして,増税期間の増税の資本蓄積に与える効果は,増税期間だけでなく,無税期間の資本蓄積に影響を与える。そのため,図 3.8 のように,資本

所得税の増減税の効果は非対称的である。増税期間の増税の効果に影響される無税期間の資本蓄積のプラスの効果は小さく，無税期間の減税に影響されない増税期間の資本蓄積のマイナスの効果は大きい。とすると，資本所得税による資源配分の歪みを最小化するためには，資本所得税をできるだけ前倒しすべきである。つまり，一定期間の増税期間（できる限り高い税率で）を置いた後，資本所得税を廃止する無税国家政策が，代表的個人の経済的厚生を最大化するのではないだろうか。

3.6 まとめ

　Chamley(1986) は，一定期間の増税期間（できる限り高い税率で）を置いた後，資本所得税を廃止する無税国家政策が，代表的個人の経済的厚生を最大化する最適課税政策であることを解析的に証明した。ただし，下記に示す基本的な問題に解答を与えていない。第1に，無税国家政策変更後，消費，資本等の移行経路はいかなる移行経路を通るのか。第2に，無税国家政策への変更が，代表的個人の経済厚生をどれほど改善するのか。第3に，何故，無税国家政策への変更が，代表的個人の経済厚生を最大化するのか。

　この章では，数値解析を利用した手法を使用して，Chamley(1986) が残した問題に解答を与えることを試みた。数値解析を利用して分析した結果を整理すると，第1に，無税国家政策変更後の消費の移行経路は，変更直後に，急激に上昇した後，増税期間において，一貫して減少し，無税期間に入ると，一貫して上昇していく。また，資本の移行経路は，増税期間において，ほぼ減少し，そして，無税期間に入ると，一貫して上昇していく。注目すべきことは，増税期間における資本の減少と比較して，無税期間における資本の増加は非常に大きく，その効果が非

対称的であることである.第2に,無税国家政策への変更が,代表的個人の経済的厚生に与える効果は,常に,プラスの効果を持つ.また,増税期間の税率が高いほど,代表的個人の経済的厚生を改善する効果が大きい.この結果は,Chamley(1986)の定理を支持するものである.

最後に,無税国家政策が,代表的個人の経済的厚生を最大化する理由について考察する.資本所得税は,当期の資本蓄積にのみマイナスの効果をもつばかりではなく,事前の資本蓄積にもマイナスの効果を持つ.ただし,事後の資本蓄積には影響しない.故に,無税国家政策を採用した場合,無税期間における資本所得税廃止の効果に影響される増税期間の資本蓄積のマイナスの効果は小さく,それに対して,増税期間における資本所得税の増税の効果に影響されない無税期間の資本蓄積のプラスの効果は大きい.資本所得税による資本蓄積に与えるマイナスの効果を最小化するためには,資本所得税をできるだけ前倒しすべきである.つまり,一定期間の増税期間(できる限り高い税率で)を置いた後,資本所得税を廃止する無税国家政策が,代表的個人の経済的厚生を最大化する.

第4章 課税政策の動学ゲーム

4.1 はじめに

　Kemp,Long and Shimomura(1993) は，資本家と労働者により構成される2人経済において，将来の課税政策を拘束可能な場合（開ループ）には，定常状態において，資本所得税を廃止する課税政策が，社会的厚生を最大化することを示すと同時に，将来の課税政策を拘束不可能な場合（閉ループ）には，この課税政策の動学的非整合性を指摘している。ただし，Kemp,Long and Shimomura(1993) は，具体的に，いかなる課税政策が，動学的整合的課税政策であるのかを示していない。

　この章の目的は，Abreu,Pearce and Stacchetti(1990) の提案した再帰的手法を利用して，Kemp,Long and Shimomura(1993) のモデルにおいて，将来の課税政策を拘束できない場合（閉ループ）には，いかなる課税政策が，動学的整合的課税政策であるのかを具体的に計算することである。再帰的手法を利用したシミュレーションにより導かれた結論は，以下の通りである。第1に，将来の課税政策を拘束できる場合（開ループ）には，社会的厚生を最大化する課税政策は，定常状態において，資本所得税を廃止する課税政策である。第2に，将来の課税政策を拘束できない場合（閉ループ）には，上記の課税政策は動学的整合的課税政策ではない。例えば，初期時点において，資本蓄積が過少な場合，資本所得税を減税して，資本蓄積を促進した後，資本所得税を増税する課税政策が動学的整合的課税政策となる。

この章の構成は,以下の通りである。第2節では,この分野の先行研究について整理する。第3節では,分析の基本となる Kemp,Long and Shimomura(1993) を離散化したモデルを示す。第4節では,第3節で提示したモデルを分析するための手法を示す。第5節では,第4節で提示した手法を利用して,動学的整合的課税政策を具体的に示す。第6節は,まとめである。

4.2 先行研究

ここでは,動学ゲームの枠組みで,資本所得税について考察した先行研究について紹介する。先行研究は,将来の課税政策を拘束できるかどうかにより,開ループ,閉ループに分けられる。開ループは,将来の課税政策を拘束できる場合,そして,閉ループは,将来の課税政策を拘束できない場合について分析する枠組みである。開ループの代表的な先行研究として,Chamley(1986),Jones,Manuelli and Rossi(1993),Coleman(2000) 等がある。

Chamley(1986) は,労働所得税と資本所得税によりファイナンスする代表的個人モデルにおいて,2つの定理を解析的に証明した。定常状態において,資本所得税を廃止して,労働所得税のみによりファイナンスする課税政策が,代表的個人の経済的厚生を最大化する(定理1)。また,一定期間の増税期間(できる限り高い税率で)を置いた後,資本所得税を廃止する課税政策が,代表的個人の経済的厚生を最大化する(定理2)。Jones,Manuelli and Rossi(1993) は,Chamley(1986) の定理2を支持するシミュレーションを提示している。一定期間の増税期間を置いた後,資本所得税を廃止する課税政策が,代表的個人の経済的厚生を最大化するシミュレーションを提示している。Coleman(2000) も,Chamley(1986) の定理2を支持するシミュレーションを提示している。税率の上限を 100% とした場合には,資本所得税率を 100% と

する増税期間を置いた後，資本所得税を廃止する課税政策が，代表的個人の経済的厚生を最大化することが示されると同時に，税率の上限を50％とした場合には，資本所得税率を50％とする増税期間を置いた後，資本所得税を廃止する課税政策が，代表的個人の経済的厚生を最大化することを示している。

　将来の課税政策を拘束できる場合（開ループ）には，解析的手法，シミュレーションのいずれの分析においても，一定期間の増税期間（できる限り高い税率で）を置いた後，資本所得税を廃止する課税政策が，代表的個人の経済的厚生を最大化することが示されている。ただし，この課税政策の実行可能性については，疑問が残る。政府は，過去に取り決められた課税政策に拘束されず，現時点において，最適な課税政策を選択すると仮定する方が自然だろう。将来の課税政策が拘束できない場合（閉ループ）には，別の結論が導かれるのではないのか。将来の課税政策を拘束できない場合（閉ループ）の代表的な先行研究には，Kemp, Long and Shimomura(1993), Benhabib and Rustichini(1997), Phelan and Stacchetti(1999) 等がある。いずれの先行研究においても，上記の課税政策の実行不可能性が指摘されている。Kemp, Long and Shimomura(1993) は，資本家と労働者により構成される2人経済において，将来の課税政策を拘束できる場合（開ループ）には，定常均衡において，資本所得税を廃止する課税政策が，社会的厚生を最大化することを示すと同時に，将来の課税政策を拘束できない場合（閉ループ）には，上記の課税政策が，動学的非整合的課税政策となることを示している。Benhabib and Rustichini(1997) は，資本所得税と労働所得税によりファイナンスする代表的個人モデルにおいて，将来の課税政策を拘束できる場合（開ループ）には，定常均衡において，資本所得税を廃止して，労働所得税のみによりファイナンスする課税政策が，代表的個人の経済的厚生を最大化することを示すと同時に，将来の課税政策を拘束できない場合（閉ループ）には，上記の課税政

策が,動学的非整合的課税政策となることを示している。さらに,その結論を支持する数値例を提示している。Phelan and Stacchetti(1999) は,Abreu,Pearce and Stacchetti(1990) の提案した再帰的手法を利用して,動学的整合的課税政策を計算する手法を提示し,そして,その手法を利用して,動学的整合的課税政策における定常均衡を計算した数値例を提示している。

この章では,Phelan and Stacchetti(1999) と同様に,Abreu,Pearce and Stacchetti(1990) の提案した再帰的手法を利用して,Kemp,Long and Shimomura(1993) のモデルにおける動学的整合的課税政策を具体的に計算する。この章と先行研究との相違点を整理すると,以下のようになる。第 1 に,Benhabib and Rustichini(1997),Phelan and Stacchetti(1999) が,動学的整合的課税政策の定常均衡の数値例の提示に留まるのに対して,この章では,動学的整合的課税政策の移行経路を含めた数値例を提示する。第 2 に,Benhabib and Rustichini(1997),Phelan and Stacchetti(1999) が労働供給が弾力的なモデルにおいて,資本所得税と労働所得税によりファイナンスする代表的個人モデルを分析しているのに対して,この章では,Kemp,Long and Shimomura(1993) と同様に,資本家と労働者により構成される 2 人経済を分析する。

4.3　モデル

ここでは,資本家,労働者により構成される 2 人経済である Kemp,Long and Shimomura(1993) を離散化したモデルを提示する。資本家の効用関数 (u) は CRRA 型関数であるとする。

$$u(c(t)) = \frac{c(t)^{1-\sigma}}{1-\sigma} \tag{4.1}$$

資本家は,課税後の利子率 $(r(t))$ を与件として,(4.3) 式の予算制約式を満たした上で,(4.2) 式を最大化するように,資本家の消費 $(c(t))$,

資本保有量 ($k(t)$) を定める。

$$\max \sum_{t=0}^{\infty} \beta^t u(c(t)) \tag{4.2}$$

$$k(t+1) = (1 + r(t))k(t) - c(t) \tag{4.3}$$

上記の式より，以下の式が導ける。

$$c(t+1) = c(t)(\beta(1 + r(t+1)))^{1/\sigma} \tag{4.4}$$

労働者は，毎期 1 単位の労働 ($l(t)$) を供給する。労働者の所得 ($y(t)$) は，賃金 ($w(t)$) と政府からの定額移転 ($TR(t)$) を合わせたものとする。

$$l(t) = 1 \tag{4.5}$$

$$y(t) = w(t) + TR(t) \tag{4.6}$$

労働者は，今期の所得 ($y(t)$) を今期の消費にすべて回し，貯蓄はおこなわない。労働者の効用関数 (v) は以下のような関数とする。

$$v(y(t)) = \log(y(t)) \tag{4.7}$$

生産関数 (f) は，資本 (k) と労働 (l) に関するコブ＝ダグラス型関数であるとする。

$$f(k(t), l(t)) = k(t)^a l(t)^{1-a} \tag{4.8}$$

t 期の資本所得税率が $\tau(t)$ とすると，課税後の利子率 ($r(t)$) は以下のようになる。

$$r(t) = (1 - \tau(t))a k(t)^{a-1} \tag{4.9}$$

同様に、賃金 $(w(t))$ は以下のようになる。

$$w(t) = (1-a)k(t)^a \tag{4.10}$$

政府は、今期の資本所得税により得た収入を労働者へ定額移転 $(TR(t))$ すると仮定する。

$$TR(t) = \tau(t)ak(t)^a \tag{4.11}$$

政府の社会的厚生関数を以下のように仮定する。

$$\sum_{t=0}^{\infty} \beta^t (v(y(t)) + \alpha u(c(t))) \tag{4.12}$$

4.3.1 開ループ

この項では、将来の課税政策を拘束できる場合（開ループ）における社会的厚生関数である (4.13) 式[1]を最大化する課税政策 $(\tau(t))$ について考察する。この問題の制約条件は、資本家の予算制約を示す (4.14) 式、そして、資本家が課税後の利子率 $(r(t))$ を与件として行動することを示す (4.15) 式の2式である。

$$\max \sum_{t=0}^{\infty} \beta^t (v(k(t)^a - r(t)k(t)) + \alpha u(c(t))) \tag{4.13}$$

$$k(t+1) = (1+r(t))k(t) - c(t) \tag{4.14}$$

$$c(t+1) = c(t)(\beta(1+r(t+1)))^{1/\sigma} \tag{4.15}$$

---

[1] $y(t) = w(t) + TR(t) = (1-a)k(t)^a + \tau ak(t)^a$
$= k(t)^a - (1-\tau(t))ak(t)^a = k(t)^a - r(t)k(t)$

上記の問題のラグランジェ式は，以下のようになる。

$$L = \beta^t(v(k(t)^a - r(t)k(t)) + \alpha u(c(t))) + \lambda(t)((1+r(t))k(t) - c(t) - k(t+1))$$
$$+ \mu(t)(c(t+1) - (\beta(1+r(t+1)))^{1/\sigma}c(t)) \tag{4.16}$$

上記のラグランジェ式を最大化すると，以下の式が導ける。

$$L_c = \beta^t \alpha u_c - \lambda(t) + \mu(t-1) - \mu(t)(\beta(1+r(t+1)))^{1/\sigma} = 0 \tag{4.17}$$

$$L_k = \beta^t(f_k - r(t))v' - \lambda(t-1) + \lambda(t)(1+r(t)) = 0 \tag{4.18}$$

$$L_r = -\beta^t v' k(t) + \lambda(t)k(t) - \frac{\mu(t-1)\beta^{1/\sigma}(1+r(t))^{1/\sigma-1}c(t-1)}{\sigma} = 0 \tag{4.19}$$

$$L_\lambda = (1+r(t))k(t) - c(t) - k(t+1) = 0 \tag{4.20}$$

$$L_\mu = c(t+1) - c(t)(\beta(1+r(t+1)))^{1/\sigma} = 0 \tag{4.21}$$

上記の式より，定常状態においては，以下の式が成立する。

$$f_k = r \tag{4.22}$$

つまり，社会的厚生を最大化する課税政策 ($\tau(t)$) は，定常状態において，資本所得税率はゼロとなる。Kemp, Long and Shimomura(1993) も同様の結論を導いている。さらに，Chamley(1986) は，労働供給が弾力的な場合においても，定常状態において，資本所得税を廃止して，労

働所得税のみによりファイナンスする課税政策が,代表的個人の経済的厚生を最大化することを証明している。と同時に,Kemp,Long and Shimomura(1993),Chamley(1986) は,上記の課税政策の動学的非整合性を指摘している。

4.3.2 閉ループ

前項（開ループ）では,将来の課税政策を拘束できる場合における社会的厚生を最大化する課税政策 ($\tau(t)$) が,定常状態において,資本所得税を廃止する課税政策であることを示した。ただし,現実の政府は,過去に取り決めた課税政策に拘束されることなく,常に,その時点において,社会的厚生を最大化する課税政策を選択すると仮定するのが自然だろう。この項では,将来の課税政策を拘束することができない場合（閉ループ）における動学的整合的課税政策について定式化する。評価関数 ($V(k)$),消費 ($con(k)$),課税後利子率 ($R(k)$) の政策関数とした場合,政府は,(4.24)(4.25) 式の制約を満たした上で,(4.23) 式を最大化する消費 ($c(t)$),課税後の利子率 ($r(t)$) の組み合わせになるような課税政策を選択する。

$$V_s = \max_{k(t+1)} v(k(t)^a - r(t)k(t)) + \alpha u(c(t)) + \beta V(k(t+1)) \quad (4.23)$$

$$k(t+1) = (1+r(t))k(t) - c(t) \quad (4.24)$$

$$con(k(t+1)) = (\beta(1+R(k(t+1))))^{1/\sigma} c(t) \quad (4.25)$$

政府,資本家ともに,今期だけでなく,来期も,同様の意思決定をおこなっているのだから,上記の式より求めた $V_s, c(t), r(t)$ と評価関数

($V(k)$), 消費 ($con(k)$), 課税後の利子率 ($R(k)$) の政策関数が一致している必要がある。

$$c(t) = con(k(t)) \tag{4.26}$$

$$r(t) = R(k(t)) \tag{4.27}$$

$$V_s = V(k(t)) \tag{4.28}$$

この項で定式化した将来の課税政策を拘束できない場合 (閉ループ) における動学的整合的課税政策について考察した先行研究として,Benhabib and Rustichini(1997),Rustchini(1998),Kemp,Long and Shimomura(1993) 等がある。ただし, それらの先行研究は, 将来の課税政策を拘束できない場合 (閉ループ), 開ループにおいて, 社会的厚生を最大化する課税政策（定常状態において, 資本所得税を廃止する課税政策）が動学的整合的課税政策でないことを示したが, いかなる課税政策が動学的整合的課税政策であるのかを具体的に示していない。この章では,Abreu,Pearce and Stacchetti(1990) の提案した再帰的手法 (Recursive Method) を利用して, 具体的に, いかなる課税政策が, 動学的整合的課税政策であるのかについて分析する。

4.4 数値解析

ここでは,Abreu,Pearce and Stacchetti(1990) が提案した再帰的手法 (Recursive Method) を利用して, 上記の動学的整合的課税政策を求める手法を提示する。Abreu,Pearce and Stacchetti(1990)[2]は, 任意の

---

[2]Abreu,Pearce and Stacchetti(1990) は, 自らの手法とハワード法が非常によく似ていると指摘している。ハワード法については, ハワード (1971),Ljuingqvist and Sargent(2000,Chapter2,3) 参照。

図 4.1: 評価関数の自己生成

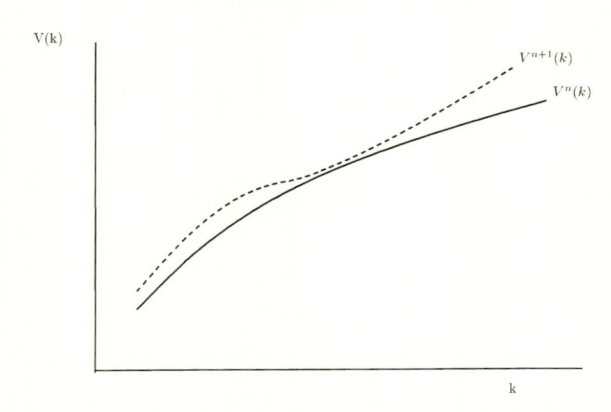

評価関数, 政策関数から, 新たな評価関数, 政策関数を自己生成 (Self Generation) し, さらに, 新たに作成された評価関数, 政策関数から, さらに, 新たな評価関数, 政策関数を自己生成する。その繰り返しにより, 真の評価関数, 政策関数を求める手法を提案した。ただし, 最近まで, 再帰的手法を利用して, 動学的整合的政策を分析した先行研究は存在しなかったが, 最近,Chang(1998),Phelan and Stacchetti(1999) 等の再帰的手法を利用して, 動学的整合的政策について分析する研究が登場してきた。

再帰的手法を利用して, 前節で示した動学的整合的課税政策を求める手法を提示する。任意の評価関数 $(V^0(k))$ と消費 $(con^0(k))$, 課税後の利子率 $R^0(k)$ の政策関数を適当に仮定する。$V^0(k),con^0(k),R^0(k)$ を利用して, 以下の式により, 評価関数 $(V^1(k))$ と消費 $(con^1(k))$, 課税後の利子率 $(R^1(k))$ の政策関数を自己生成する。

$$V^1(k(t)) = \max_{k(t+1)} v(k(t)^a - R^1(k(t))k(t)) + \alpha u(con^1(k(t))) + \beta V^0(k(t+1))$$
(4.29)

図 4.2: 評価関数の収束

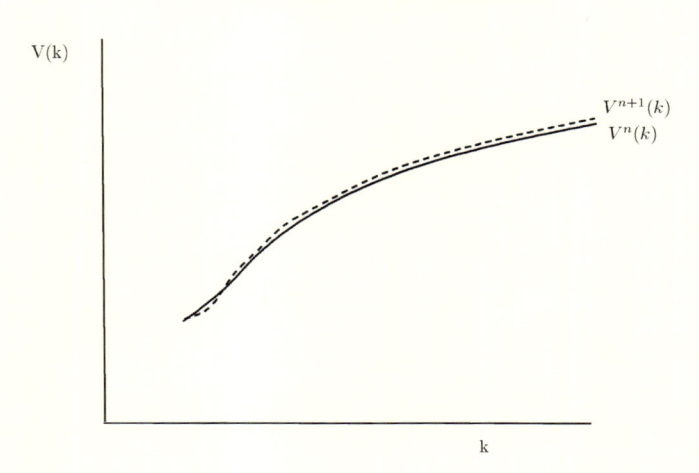

$$k(t+1) = (1 + R^1(k(t)))k(t) - con^1(k(t)) \quad (4.30)$$

$$con^0(k(t+1)) = (\beta(1 + R^0(k(t+1))))^{1/\sigma} con^1(k(t)) \quad (4.31)$$

評価関数 ($V^1(k)$) と消費 ($con^1(k)$), 課税後の利子率 ($R^1(k)$) の政策関数を利用して, 同様のプロセスで, 評価関数 ($V^2(k)$) と消費 ($con^2(k)$), 課税後の利子率 ($R^2(k)$) の政策関数を自己生成する. 以下の式を満たすまで, 上記のプロセスを繰り返す.

$$V^{n+1}(k) = V^n(k) \quad (4.32)$$

$$con^{n+1}(k) = con^n(k) \quad (4.33)$$

$$R^{n+1}(k) = R^n(k) \quad (4.34)$$

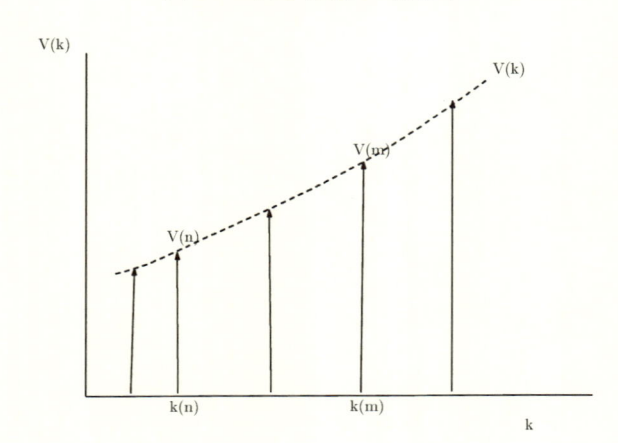

図 4.3: 評価関数の離散化

4.4.1 アルゴリズム

この項では, 評価関数を図 4.3 のように離散化した関数で近似して[3], 再帰的手法 (Recursive Method) を適用する具体的なアルゴリズムを示す。

（ステップ１）

資本が $(k(n))$ のときの定常状態における課税後利子率 $(r_s(n))$, 資本家の消費 $(c_s(n))$, そして, 評価関数 $(V_s(n))$ を計算する。

$$k(n) = nh \tag{4.35}$$

$$r_s(n) = 1/\beta - 1 \tag{4.36}$$

$$c_s(n) = r_s(n)k(n) \tag{4.37}$$

---

[3] この章では, 刻みの数を 10,000 個として, シミュレーションを実行する。

図 4.4: ステップ 2

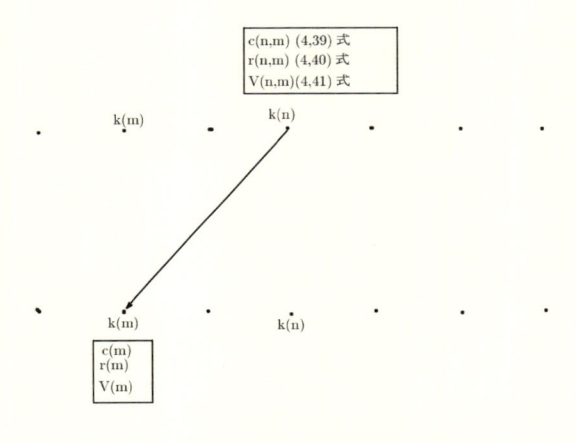

$$V_s(n) = \frac{v(k(n)^a - r_s(n)k(n)) + \alpha u(c_s(n))}{1-\beta} \quad (4.38)$$

(ステップ 2)

現時点において,資本家が保有する資本量 $(k(n))$ であり,次期における資本量 $(k(m))$ である場合の消費 $(c(n,m))$,課税後利子率 $(r(n,m))$,評価関数 $(V(n,m))$ を計算する。

$$c(n,m) = c_s(m)(\beta(1+r_s(m)))^{-1/\sigma} \quad (4.39)$$

$$r(n,m) = \frac{k(m) - k(n) + c(n,m)}{k(n)} \quad (4.40)$$

$$V(n,m) = v(k(n)^a - r(n,m)k(n)) + \alpha u(c(n,m)) + \beta V_s(m) \quad (4.41)$$

(ステップ 3)

現時点において,資本家が資本 $(k(n))$ を保有する場合の課税後利子

率 ($r(n)$), 消費 ($c(n)$), 評価関数 ($V(n)$) を計算する。

$$\hat{m}(n) = \arg\max_m V(n, m) \tag{4.42}$$

$$r(n) = r(n, \hat{m}(n)) \tag{4.43}$$

$$c(n) = c(n, \hat{m}(n)) \tag{4.44}$$

$$V(n) = V(n, \hat{m}(n)) \tag{4.45}$$

（ステップ4）
すべての n に関して，以下の式が成立する場合には終了する。成立しない場合にはステップ5へ進む。

$$m_s(n) = \hat{m}(n) \tag{4.46}$$

（ステップ5）
すべての n に関して, $\hat{m}(n), V(n), c(n), r(n)$ を $m_s(n), V_s(n), c_s(n), r_s(n)$ に代入する。

$$m_s(n) = \hat{m}(n) \tag{4.47}$$

$$V_s(n) = V(n) \tag{4.48}$$

$$c_s(n) = c(n) \tag{4.49}$$

$$r_s(n) = r(n) \tag{4.50}$$

ステップ2へ戻る。

4.5 分析

ここでは,Abreu,Pearce and Stacchetti(1990) の提案した再帰的手法を利用して,Kemp,Long and Shimomura(1993) のモデルにおいて,将来の課税政策を拘束できない場合（閉ループ）における動学的整合的課税政策を分析する。表 4.1 は,この分析で使用したパラメータの仮定をまとめたものである。資本家の効用が社会的厚生関数に与えるウエイトを示すパラメータである α を 0.1 と仮定し,異時点間の代替の弾力性の逆数 (σ) を 2 と仮定し,主観的割引率 (β) を 0.95 と仮定し,労働分配率を示すパラメータ a を 0.33 と仮定する。

主観的割引率,異時点間の代替の弾力性に関する日本の実証研究として,小川 (1985), 羽森 (1996) 等がある。羽森（1996）は,主観的割引率を 0.001 と推定し,異時点間の代替の弾力性について約 6.7 と推定している。また,小川（1985）は,主観的割引率を 0.002 と推定し,異時点間の代替の弾力性について 3.246 と推定している。実証研究ごとにばらつきが大きく,適当な推定値があるように思われない。アメリカにおける実証研究においても同様である。そのため,Chamley(1981) や Jones,Manuelli and Rossi(1993) 等の税制改革の動学的分析の先行研究では,パラメータの仮定をあまり厳密に検討することなく大胆に仮定している。Chamley(1981) は,異時点間の代替の弾力性の逆数 (σ) について 0.5,1,1.5,2 と仮定し,主観的割引率は,異時点間の代替の弾力性の仮定に応じて変化させ,それぞれについて分析している。Jones,Manuelli and Rossi(1993) は,主観的割引率を 0.02 と仮定し,異時点間の代替の弾力性の逆数について 1.01,1.5,2,2.5 と仮定し,それぞれについて分析している。この章においても,パラメータは暫定的に仮定し,必要に応じて,パラメータを変更して分析するという方法を採用する。そして,資本家の効用が社会的厚生に与えるウエイトを示すパラメータ α は,定常状態において,資本所得税率が 20％（日本の現行税制における税率）になるように定める。α を 0.1 と仮定した場合,

表 4.1: パラメータの仮定

パラメータ	数値
α	0.1
σ	2
β	0.95
a	0.33

定常状態における資本所得税率は 20% となる。

　図 4.5,4.6,4.7 は, 評価関数 ($V(k)$), 消費 ($con(k)$), 課税後の利子率 ($R(k)$) の政策関数を示したものである。図 4.5,4.6,4.7 の横軸は資本を示し, 縦軸はそれぞれ評価関数, 消費, 課税後の利子率を示している。図 4.8,4.9 は, 資本蓄積が過少な場合（定常均衡と比較して）の資本 ($k(t)$), 資本所得税率 ($\tau(t)$) の移行経路を示したものである。図 4.8,4.9 の横軸は期間を示し, 縦軸はそれぞれ資本, 資本所得税率を示している。注目すべき点は, 資本所得税率 ($\tau(t)$) の移行経路である。資本蓄積が過少な場合, 資本所得に補助金を与えて, 資本蓄積を促進した後, 資本所得税に課税する課税政策が動学的整合的課税政策となるという結果を得たことである。この結果は, 将来の課税政策を拘束できる場合（開ループ）, 一定期間の増税期間（できる限り高い税率で）を置いた後, 資本所得税を廃止する課税政策が, 代表的個人の経済的厚生を最大化することを証明した Chamley(1986) の定理 2 と対照的である。

　パラメータを変更しても, 資本蓄積が過少な場合, 資本所得に補助金を与えて, 資本蓄積を促進した後, 資本所得税を増税する課税政策が動学的整合的課税政策となるという結果が得られる。例えば, 図 4.10 は, 資本家の効用が社会的厚生に及ぼすウエイトを示すパラメータである α を 0.1 から 0.5 に変更した場合の資本所得税の移行経路を示し

第 4 章　課税政策の動学ゲーム　　95

図 4.5: 評価関数 $V(k)$

出所　筆者計算

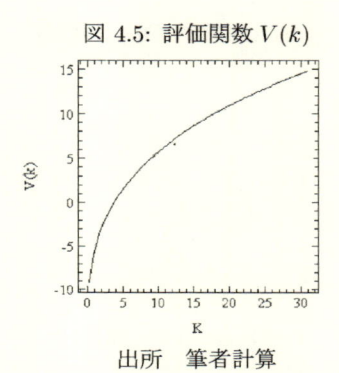

図 4.6: 消費の政策関数 $con(k)$

出所　筆者計算

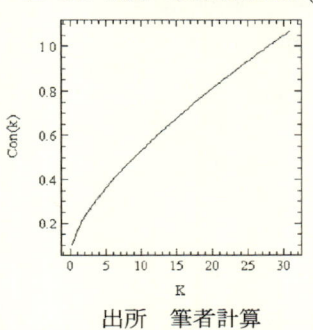

図 4.7: 課税後の利子率の政策関数 $R(k)$

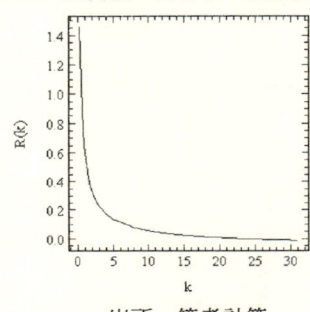

出所　筆者計算

図 4.8: 資本の移行経路

期間

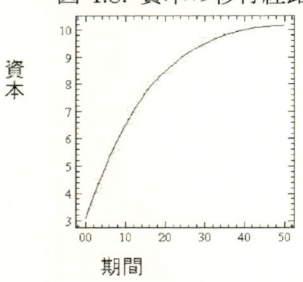

出所　筆者計算

初期時点の資本ストックが 3.097 である場合の資本の移行経路である。(ちなみに, 定常均衡における資本ストックは 10.21 である。)

図 4.9: 資本所得税の移行経路

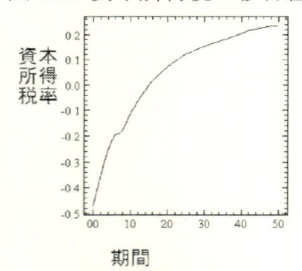

期間

出所　筆者計算

初期時点の資本ストックが 3.097 である場合の資本所得税の移行経路である。(ちなみに, 定常均衡における資本ストックは 10.21 である。)

図 4.10: 資本所得税の移行経路 ($\alpha = 0.5$)

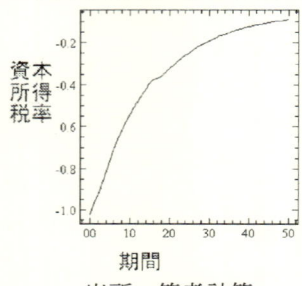

期間

出所　筆者計算

たものである．図 4.10 の横軸は期間を示し，縦軸は資本所得税率を示している．他のパラメータを変更しても，同様の結論が導かれる．

4.6 まとめ

　この章では，資本家，労働者の 2 人経済である Kemp,Long and Shimomura(1993) を離散化したモデルについて分析してきた．将来の課税政策を拘束できる（開ループ）場合には，定常状態において，資本所得税を廃止する課税政策が社会的厚生を最大化することを示した．それに対して，将来の課税政策を拘束できない（閉ループ）場合には，上記の課税政策は動学的非整合的課税政策となることを示した．例えば，初期時点における資本蓄積が過少な場合，資本所得税を減税し，資本蓄積を促進した後，資本所得税を増税する課税政策が動学的整合的課税政策であることを示した．

　今後の課題として 2 点ほど指摘して議論を閉じる．第 1 に，この章では，将来の課税政策を拘束できる（開ループ）場合，定常状態において，資本所得税を廃止する課税政策が社会的厚生を最大化する課税政策であることを示した．しかし，定常状態までの移行経路は示されていない．将来の課税政策を拘束できない（閉ループ）場合との比較のためにも，将来の課税政策を拘束できる場合（開ループ）の資本所得税の移行経路を示す必要があるだろう．第 2 に，この章では，資本家と労働者により構成される 2 人経済である Kemp,Long and Shimomura(1993) モデルについて分析してきたが，労働供給が弾力的で，資本所得税と労働所得税によりファイナンスする Chamley(1986) 等のモデルについても分析すべきである．今後の研究課題としたい．

第5章　資産格差,資本所得税

5.1　はじめに

　Mirrlees(1971)に始まる最適所得税論は,主に,異なる能力を持つ個人により構成されている経済において,いかなる労働所得税率が社会的厚生を最大化するかについて研究してきた。しかし,所得のばらつきは能力だけに由来するわけではない。各個人の持つ資産保有量の格差に大きく左右されるのは自明である。とすると,各個人の持つ資産保有量に格差が存在する経済において,いかなる資本所得税率が社会的厚生を最大化するのかについても研究されるべきである。Mirrlees(1971)も,この点についての必要性を認識していた。

　"(1)Intertemporal problems are ignored.It is usual to levy income tax upon each year's income,with only limited possibilities of transferring one year's to another for tax purposes.In an optimum system, one would no doubt wish to relate tax payments to the whole life pattern of income,and to initial wealth;and in scheduling payments one would wish to imperfect personal capital market and imperfect foresight.The economy discussed below is timeless.Thus the effects of taxation on saving are ignored. One might perhaps regard the theory presented as a theory of "earned income"taxation(i.e.

non-property income)." (Mirrlees(1971)p.175)

　しかし,Mirrlees(1971) は,敢えて上記の問題を無視した。これ以後,最適所得税論の中で,資本所得税について取り上げた先行研究は,2 つの系列に分けることができる。第 1 の系列は,能力の異なる個人により構成される経済において,資本所得税が,経済的厚生に与える効果を分析したものである。ただし,それらの先行研究は,解析的に解答を与えるのが困難であるため,例外なく,明確な結論を与えたものは存在しない。代表的な先行研究として,Ordover(1975),Ordover and Phelps(1979) 等が存在する。第 2 の系列は,数値解析を使用して,資本所得税の代表的個人の厚生に与える効果を分析したものである。第 1 の系列と異なり,明確な結論を提示することに成功している。ただし,これらの先行研究は,例外なく,資産保有や能力の異なる個人が存在することを無視し,同質的な個人のみにより構成されているため,資本所得税の所得分配に与える影響について考慮していない。代表的先行研究として,Bernheim(1981),Chamley(1981)(1986),Lucas(1990),King and Rebelo(1990),Jones,Manuelli and Rossi(1993) 等が存在する。

　本章では,資産保有量の異なる個人により構成される経済において,資本所得税の所得分配に与える効果について,数値解析を使用した手法を利用して分析する。本章が導いた結論を整理すると以下のようになる。第 1 に,税制改革前の定常均衡と税制改革後の定常均衡を比較する分析の場合には,常に,資本所得税を廃止する税制改革は,すべての個人の経済厚生を改善する。常識的に考えれば,資本所得税の廃止は,資本所得税を財源とする定額移転の廃止により,資産を保有しない個人の経済厚生を悪化させるように思われる。しかし,資本所得税の廃止は,長期的には,資本蓄積を促進し,資産を保有しない個人に,定額移転の廃止による損失を上回る賃金の上昇による利益をもたらすためである。第 2 に,税制改革の効果を移行経路を含めた上で分析する場合には,資本所得税の廃止は,資産を保有する個人の経済厚生を改善

し，資産を保有しない個人の経済厚生を悪化させる。資本所得税の廃止は，長期的には，資産を保有しない個人に，定額移転の廃止による損失を上回る賃金の上昇をもたらすが，短期的には，定額移転の廃止を補う賃金の上昇をもたらさず，資産を保有しない個人に，定額移転の廃止による損失だけが降りかかり，その損失が，長期的な賃金上昇の効果を上回るためである。

本章の構成は以下の通りである。第2節では，先行研究について紹介する。第3節では，分析の基本となるモデルを提示する。第4節では，第3節で提示したモデルを分析するための手法を提示する。第5節では，第4節で提示した手法を利用して，資本所得税が所得分配に与える効果について分析する。第6節は，まとめである。

5.2　先行研究

最適所得税論は，主に，異なる能力を持つ個人により構成される経済において，いかなる労働所得税が社会的厚生を最大化するかについて研究してきた。しかし，所得税は，労働所得税だけではなく，異時点間の資源配分に歪みをもたらす資本所得税も存在する。資本所得税を含めた上で最適所得税体系について考察した代表的な先行研究として，Ordover and Phelps(1975),Ordover(1976), Ordover and Phelps(1979) 等がある。先行研究の共通した特徴は，以下の通りである。第1に，若年期のみに働き，そして，老年期は貯蓄を取り崩し生活する重複世代モデルを分析する。第2に，能力の異なる個人により構成される経済について分析する。

Ordover and Phelps(1975) は，資本所得税と労働所得税（ともに線形）によりファイナンスする経済において，マキシミン原理を採用した場合の定常状態における最適課税政策を考察しているが，現実の課税政策に示唆を与えるような明確な結論を提示していない。Ordover(1976)

は,資本所得税と労働所得税（ともに線形）によりファイナンスする経済において,マキシミン原理を採用した場合の最適課税政策を考察しているが,税収最大化する課税政策と社会的厚生を最大化する課税政策が一致する条件を考察した定理5が参考になる程度で,現実の課税政策に示唆を与えるような明確な結論を提示していない。Ordover and Phelps(1979) は,世代間パレート効率的課税政策について考察している。世代間パレート効率的課税政策とは,他の世代の社会的厚生を犠牲にすることなく,ある世代の社会的厚生を改善することのできない課税政策のことである。パレート効率的課税政策の必要条件として,以下の2条件を挙げている。(1) 老人世代の消費,今期の資本,若者世代の来期の消費,来期の資本を与件として,若者世代の社会的厚生を最大化する課税政策である。(2) 老人世代の社会的厚生に関する老人世代の消費の今期の資本に関する限界代替率と若者世代の社会的厚生に関する老人世代の消費の今期の資本に関する限界代替率が一致する課税政策である。

　この章の分析と先行研究との相違点は,以下の通りである。第1に,先行研究が,能力の異なる個人により構成される経済について分析しているのに対して,この章では,能力は同一だが,初期時点に保有する資産量の異なる個人により構成される経済について分析する。第2に,先行研究が,重複世代モデルで分析しているのに対して,この章では,王朝モデルで分析する。第3に,先行研究が,解析的手法により分析しているのに対して,この章では,数値解析を利用した手法により分析する。

5.3　モデル

　Mirrlees(1971),Stern(1976),Tuomala(1984) 等に代表される最適所得税論は,社会的厚生を最大化する労働所得税率を求めるために,能

力は多様だが，効用関数の等しい個人により構成される経済を仮定した上で分析を進めている．それに対して，この章では，社会的厚生を最大化する資本所得税率を求めるために，資産格差は存在するが，能力，効用関数の等しい個人により構成される経済を仮定した上で分析を進める．具体的には，第1個人は，初期時点において，資産を保有しているのに対して，第2個人は，資産を保有せず，それ以外の仮定はすべて同じとする経済について分析する．

各個人 $(i=1,2)$ は，課税後の利子率 (r_t)，賃金 (w_t)，定額移転 (TR_t) を与件として，(5.2) 式 (予算制約式),(5.3) 式 (労働供給制約式),(5.4) 式の制約を満たした上で，(5.1) 式を最大化するように各個人の消費計画 (c_t^i) を定める．

$$\max \int_0^\infty \exp(-\rho t) u(c_t^i) dt \tag{5.1}$$

$$c_t^i + \dot{a}_t^i = r_t a_t^i + w_t l^i + TR_t \tag{5.2}$$

$$l^i = 1/2 \tag{5.3}$$

$$\lim_{t \to \infty} \exp(-\int_0^t r_s ds) a_t^i = 0 \tag{5.4}$$

ρ; 主観的割引率
$u(*)$; 効用関数
a_t^i; t 期における第 i 個人の資産
l^i; 第 i 個人の労働供給量

上記の式をオイラー方程式で解くと，以下の式が導ける．

$$\dot{u}_c / u_c = \rho - r_t \tag{5.5}$$

u_c; 消費の限界効用

効用関数 (u) は,CRRA 関数であると仮定する。

$$u(c_t) = \frac{c_t^{1-\sigma}}{1-\sigma} \tag{5.6}$$

(5.5) 式と上記の式より,以下の式が導ける。

$$\dot{c}_t^i/c_t^i = (r_t - \rho)/\sigma \tag{5.7}$$

上記の式より,以下の式が成立する。

$$\dot{c}_t/c_t = \frac{\dot{c}_t^1}{c_t^1}\frac{c_t^1}{c_t} + \frac{\dot{c}_t^2}{c_t^2}\frac{c_t^2}{c_t} = \frac{r_t-\rho}{\sigma}(c_t^1/c_t + c_t^2/c_t) = \frac{r_t-\rho}{\sigma} \tag{5.8}$$

c_t; t 期における経済全体の消費

さらに,上記の式より,以下の式が導ける。

$$\dot{c}_t^i/c_t = c_t^i/c_t(\dot{c}_t^i/c_t^i - \dot{c}_t/c_t) = 0 \tag{5.9}$$

上記の式より,以下の式が導ける。

$$c_t^i = \beta_i c_t \tag{5.10}$$

$$\beta_1 + \beta_2 = 1 \tag{5.11}$$

生産関数 (f) は,コブ=ダグラス関数を仮定する。

$$f(k_t, l_t) = k_t^a l^{1-a} \tag{5.12}$$

k_t; t 期における実物資本

l; 総労働供給量

経済全体の労働供給量 (l) は, 以下のように定まる.

$$l = l^1 + l^2 = 1 \tag{5.13}$$

課税後の利子率 (r_t) は, 生産関数の仮定より, 以下のように定まる.

$$r_t = (1 - \tau_k) a k_t^{a-1} \tag{5.14}$$

τ_k; 資本所得税率

賃金 (w_t) は, 生産関数の仮定より, 以下のように定まる.

$$w_t = (1 - a) k_t^a \tag{5.15}$$

政府は, 独自の消費活動をおこなわず, 資本所得税を財源とした定額移転 (TR_t) のみを行うと仮定する. 定額移転 (TR_t) は, 上記の仮定より, 下記のように定まる.

$$2TR_t = \tau_k a k_t^a \tag{5.16}$$

資本蓄積は, 政府が独自の消費活動をおこなわないと仮定したので, 下記の式のように定まる.

$$\dot{k}_t = f(k_t, l) - c_t \tag{5.17}$$

経済全体（マクロ）の消費 (c_t), 資本 (k_t) の移行経路は, 下記のような非線形連立微分方程式で表現できる.

$$\dot{c}_t / c_t = \frac{a(1 - \tau_k) k_t^{a-1} - \rho}{\sigma} \tag{5.18}$$

$$\dot{k}_t = k_t^a - c_t \tag{5.19}$$

税制改革前は, 資本所得税率 ($\bar{\tau}_k$) が 20% で定常均衡にあると仮定する。税制改革前の定常均衡における消費 ($\bar{c}$), 資本 ($\bar{k}$) は以下の式のように定まる。

$$\bar{k} = (a(1-\bar{\tau}_k)/\rho)^{1/(1-a)} \tag{5.20}$$

$$\bar{c} = \bar{k}^a \tag{5.21}$$

資本所得税率 ($\bar{\tau}_k$) が 20% で定常均衡にある経済の資本所得税率を τ_k に変更した場合の税制改革後の定常均衡における消費 ($\hat{c}$), 資本 ($\hat{k}$) は以下のように定まる。

$$\hat{k} = (a(1-\tau_k)/\rho)^{1/(1-a)} \tag{5.22}$$

$$\hat{c} = \hat{k}^a \tag{5.23}$$

税制改革前の定常均衡における各個人の資産 ($\bar{a}^i$) は, 以下のように仮定する。

$$\bar{a}^1 = \bar{k} \tag{5.24}$$

$$\bar{a}^2 = 0 \tag{5.25}$$

税制改革前の定常均衡における各個人の消費 ($\bar{c}^i$) は, 以下のように定まる。

$$\bar{c}^i = \rho\bar{a}^i + 0.5(1-a)\bar{k}^a + 0.5\bar{\tau}_k a\bar{k}^a \tag{5.26}$$

税制改革後の各個人 ($i=1,2$) の金融資産 (a_t^i), 消費 (c_t^i) の移行経路は, 下記のように定まる。

$$c_t^i = \beta_i c_t \tag{5.27}$$

$$\dot{a}_t^i = r_t a_t^i + 0.5 w_t + TR_t - c_t^i \tag{5.28}$$

上記のモデルから，税制改革後のマクロの消費 (c_t)，資本 (k_t)，ミクロの消費 (c_t^i)，個人資産の移行経路を求めることは困難である．第1に，マクロ，ミクロともに，移行経路を示す式は，非線形連立微分方程式で表現されている点である．例えば，マクロの場合，消費，資本の移行経路を示す式は，(5.8),(5.9) 式のように非線形連立微分方程式である．非線形連立微分方程式は，一般的に，解析的に解くことはできない．この場合も，解析的に解くことはできない．第2に，マクロ，ミクロともに，税制改革後の消費の初期点に未知数が含まれる点である．例えば，マクロの場合，税制改革後の資本の初期点は既知である．しかし，税制改革後の資本の初期点は未知数である．微分方程式を解くには，初期点が既知である必要がある．この場合も，解くことはできない．次節では，上記の問題を解決し，税制改革後のマクロ，ミクロの移行経路を求めるための手法を提示する．

5.4 数値解析

税制改革を分析する場合，従来，税制改革前の定常均衡と税制改革後の定常均衡を比較する手法が使用されてきた．しかし，均衡間の比較による分析は，税制改革の効果を正確に分析したことにはならない．何故ならば，税制改革後，直ちに，税制改革前の定常均衡から税制改革後の定常均衡へと到達するわけではない．税制改革後，長い移行経路を経て，新たな定常均衡へと到達する．均衡間の比較による分析は，移行経路を無視して分析するために，税制改革の効果を正確に分析したものとは言えない．税制改革の効果を正確に分析するためには，移行経

路を含めた上で税制改革の効果を評価する必要がある。

　1980年代に入り,税制改革の効果を移行経路を含めた上で分析するChamley(1981),Bernheim(1981)に始まる税制改革の動学的分析が登場してきた。ただし,その歩みは順調なものではなく,技術的な問題に悩まされることになった。第1の問題は,移行経路を示す非線形連立微分方程式が解析的に解けない点である。非線形微分方程式は,一般に,解析的に解くことはできない。この場合も解くことはできない。第2の問題は,移行経路を示す非線形連立微分方程式の初期値に未知数が含まれる点である。微分方程式を解くためには,初期値がすべて既知である必要がある。初期値に未知数が含まれる場合には解くことはできない。

　1990年代に入り,上記の2つの問題を解決し,税制改革後の移行経路を導く time elimination method [1] や backward shooting method が登場してきた。第1の問題は,数値解析の使用により解決可能である。非線形微分方程式は,解析的に解くことはできない。しかし,数値解析の使用により,かなり精度の高い近似値を得ることができる。第2の問題は,時間を後ろ向きに微分方程式を解くことにより解決可能である。確かに,税制改革後の初期値には未知数が含まれる。初期値に未知数が含まれる微分方程式を解くことはできない。しかし,税制改革後の定常均衡はすべて既知である。税制改革後の定常均衡を初期点として,時間に関して,後ろ向きに非線形連立微分方程式を解けば,初期値が求まる。ただし,それらの手法は,すべて同質的な個人を前提としたもので,資産保有量の異なる個人により構成される経済を分析するために直接適用可能ではない。この節では,資産保有量の異なる個人により構成される経済を分析するための手法を提示する。

---

[1] 西岡 (1995),Mulligan and Sala-i-Martin(1993) 参照。

5.4.1 マクロ

この節では,税制改革前においては,資本所得税率 ($\bar{\tau}_k$) で,定常均衡にある経済の資本所得税率を (τ_k) に変更した場合のマクロ,ミクロの移行経路を求めるための手法を提示する。この項では,Mulligan and Sala-i-Martin(1993) が開発した税制改革後のマクロにおける消費 (c_t),資本 (k_t) の移行経路を求める手法を提示する。

税制改革後の消費 (c_t),資本 (k_t) の移行経路は,以下の非線形連立微分方程式で表現できる。

$$\dot{c}_t/c_t = \frac{a(1-\tau_k)k_t^{a-1}-\rho}{\sigma} \tag{5.29}$$

$$\dot{k}_t = k_t^a - c_t \tag{5.30}$$

ただし,上記の非線形連立微分方程式を解くことは困難である。第1に,非線形連立微分方程式は解析的に解くことはできない。この場合も解くことはできない。第2に,微分方程式を解くためには,初期点が既知である必要がある。この場合,税制改革直後の資本の初期点 (k_0) は,税制改革前の定常均衡における資本 ($\bar{k}$) であるので既知だが,消費の初期点 (c_0) は未知数である。

$$c'(k) = \dot{c}/\dot{k} = \frac{c(a(1-\tau_k)k^{a-1}-\rho)}{\sigma(k^a-c)} \tag{5.31}$$

税制改革後の消費 (c_0) は未知数である。しかし,税制改革後の消費 ($\hat{c}$),資本 ($\hat{k}$) の定常均衡は既知である。そこで,税制改革後の消費 ($\hat{c}$),資本 ($\hat{k}$) の定常均衡を初期点として,上記の式を ($\hat{k} \to \bar{k}$) の方向に非線形微分方程式を数値解析で解くと,資本に関する消費の関数 ($c(k)$) を導くことができる。

$$c = c(k) \tag{5.32}$$

上記の式を (5.20) 式に代入する。

$$\dot{k}(t) = k(t)^a - c(k(t)) \tag{5.33}$$

税制改革前の定常均衡 ($\bar{k}$) を初期点として，上記の非線形の微分方程式を数値解析で解くと，税制改革後の資本 (k_t) の移行経路が導ける。

$$k_t = k(t) \tag{5.34}$$

(5.32) 式に上記の式を代入すると，税制改革後の消費 (c_t) の移行経路が導ける。

$$c_t = c(k(t)) \tag{5.35}$$

5.4.2　ミクロ

前項は，Mulligan and Sala-i-Martin(1993) が開発した time elimination method を利用して，マクロにおける税制改革後の消費 (c_t)，資本 (k_t) の移行経路を導く手法を紹介してきた。この項では，各個人の消費 (c_t^i)，資産 (a_t^i) の移行経路を導く独自に開発した手法を提示する。

繰り返し

税制改革後の各個人の消費 (c_t^i)，保有資産 (a_t^i) の移行経路を導く非線形微分方程式を解くことは困難である。何故ならば，税制改革後の各個人の消費の初期点 ($\hat{c_0^i}$) が未知数だからである。マクロにおいても，消費の初期点 (c_0) は未知数だったが，税制改革後の定常均衡においては，未知数は含まれなかったので，税制改革後の定常均衡を初期点として，時間を逆向きに非線形連立微分方程式を解くことにより，税制改革後の移行経路を導くことができた。しかし，この場合，税制改革後

の定常均衡における各個人の消費 ($\hat{c^i}$), 資産保有量 ($\hat{a^i}$) も未知数である。そこで, 税制改革後の定常均衡における各個人の保有資産を $\hat{a^j}$ と任意に仮定することから始める。下記の式より, $\hat{a^j}$ を仮定した場合の税制改革後の定常均衡における消費 ($\hat{c^j}$) を求める。

$$\hat{c^j} = a(1-\tau_k)\hat{k}^{a-1}\hat{a^j} + 0.5(1-a)\hat{k}^a + 0.5\tau_k a\hat{k}^a \tag{5.36}$$

さらに, (β_j) を求める。

$$\beta_j = \frac{\hat{c^j}}{\hat{c}} \tag{5.37}$$

(5.2),(5.33) 式より, 以下の非線形微分方程式を導く。

$$a^{j\prime}(k) = \dot{a^j}/\dot{k} = \frac{a(1-\tau_k)k^{a-1}a^j + 0.5(1-a)k^a + 0.5\tau_k ak^a - \beta_j c(k)}{k^a - c(k)} \tag{5.38}$$

($\hat{k}, \hat{a^j}$) を初期点として, 上記の非線形の微分方程式を数値解析で解くと, 資本に関する個人資産の関数 ($a^j(k)$) が導ける。

$$a^j = a^j(k) \tag{5.39}$$

分岐

下記の式が成立するならば, 次の移行経路に進む。対して, 下記の式が成立しないならば, ($\hat{a^j}$) の値を変更してもう一度やり直す。

$$a_0^i = a^j(k_0) \tag{5.40}$$

移行経路

各個人の資産の移行経路 (a_t^i) は，(5.38) 式に (5.33) 式を代入することにより求まる。

$$a_t^i = a^j(k_t) \tag{5.41}$$

各個人の消費 (c_t^i) の移行経路は，以下のように導ける。

$$c_t^i = \beta_j c_t \tag{5.42}$$

各個人の所得 (y_t^i) の移行経路は，以下のように定まる。

$$y_t^i = r_t a_t^i + 0.5 w_t + TR_t \tag{5.43}$$

5.5 分析

最適所得税論において，資本所得税について取り上げた先行研究は，2つの系列に分けることができる。第1の系列は，能力の異なる個人により構成される経済において，資本所得税の経済的厚生に与える効果を分析したものである。ただし，それらの先行研究は，解析的に解答を与えるのが困難であるため，例外なく，明確な結論を与えたものは存在しない。代表的な先行研究として，Ordover(1975), Ordover and Phelps(1979) 等が存在する。第2の系列は，数値解析を使用して，資本所得税の代表的個人の厚生に与える効果を分析したものである。第1の系列が，明確な結論を提示できていないのに対して，数値解析により明確な結論を提示することに成功している。しかし，それらの先行研究は，例外なく，資産保有量や能力の異なる個人が存在することを無視し，同質的な個人のみにより構成されている経済を仮定しているため，資本所得税の所得分配に与える効果については無視されている。

表 5.1: パラメータの仮定

名称	記号	数値
主観的割引率	ρ	0.05
異時点間の代替の弾力性の逆数	σ	2
	a	0.33
資本所得税率	$\bar{\tau}$	0.2
初期時点の資本	$\bar{k}$	11.98

　この節では,前節で示した数値解析を利用した手法により,資産格差のある個人により構成されている経済において,資本所得税の所得分配に及ぼす影響について分析する。具体的なモデルとしては,初期時点において,資産を保有する第1個人と資産を保有しない第2個人により構成される経済において,現行税制(資本所得税=20%)で定常状態にある経済において,資本所得税率を変更する税制改革について分析する。

　表5.1は,パラメータの仮定についてまとめたものである。資本所得税率は,20% と仮定する。利子所得は,日本の現行税制において,20%の税率で源泉徴収がおこなわれている。主観的割引率 (ρ) は 0.05,そして,異時点間の代替の弾力性の逆数 (σ) は2と仮定する。

5.5.1 マクロ

　この項では,資本所得税の減税(増税)の各個人(ミクロ)に与える効果については,次項で分析し,経済全体(マクロ)に及ぼす効果について分析することから始める。図5.1,5.2は,現行税制(資本所得税=20%)で定常均衡にある経済において,資本所得税を廃止する税制改革をおこなった場合のマクロの消費 (c_t), 資本 (k_t) の移行経路を図

示したものである。図5.1,5.2の横軸は期間を示し,縦軸はそれぞれ消費,資本を示す。消費 (c_t) は,税制改革直後,大きく減少した後,一貫して上昇していく。資本は,税制改革直後より,一貫して上昇していく。資本所得税廃止直後,各個人ともに,資本所得税廃止による利子率の上昇により,消費を減少させ,投資を増加させる。それ以後,投資の増加は,資本蓄積をもたらし,資本蓄積は,資本の限界生産性の低下をもたらす。資本の限界生産性の低下は,利子率の低下を招く。利子率の低下は,投資を減少させ,消費を増加させる。

図5.3,5.4は,資本所得税廃止後の利子率 (r_t),賃金 (w_t) の移行経路を図示したものである。図5.3,5.4の横軸は期間を示し,縦軸はそれぞれ利子率 (r_t),賃金 (w_t) を示している。利子率 (r_t) は,資本所得税廃止直後,大きく上昇する。利子率の上昇は消費を減少させ,投資を増加させる。投資の増加は資本蓄積を促進し,資本の限界生産性の低下を招く。資本の限界生産性の低下は,利子率を下落させる。賃金は,資本所得税廃止直後から,一貫して上昇していく。資本蓄積は,賃金 (w_t) の上昇をもたらす。

表5.2は,税制改革前の定常均衡と税制改革後の定常均衡の比較[2]により,税制改革の効果を分析したものである。表5.2の第1列は,税制改革後の資本所得税率を示し,そして,第2列は,資本所得税率が20%で定常均衡にある場合の代表的個人の経済的厚生を基準として,税制改革後の定常均衡における代表的個人の経済的厚生を比較したものである。表5.2によると,資本所得税の減税は,常に,代表的個人の経済的厚生を大きく改善する。当然,資本所得税を廃止する税制改革が,代表的個人の経済的厚生を最大化する。ただし,税制改革の効果を均衡間の比較による分析により評価することは適当ではない。何故ならば,

---

[2]税制改革前の消費の定常均衡 ($\bar{c}$) と税制改革後の消費の定常均衡 ($\hat{c}$) とする場合の税制改革の効果を評価する手法を提示する。
$\hat{c} = (1+wel)\bar{c}$
wel が 0.05 の場合,5% 経済的厚生が改善したと定義する。

第5章 資産格差，資本所得税

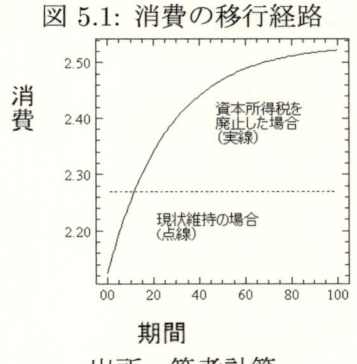

図 5.1: 消費の移行経路

資本所得税率 20% を維持した場合と資本所得税を廃止した場合の経済全体の消費の移行経路を比較したものである。ちなみに，使用したパラメータは，主観的割引率 (ρ) は 0.05，異時点間の代替の弾力性の逆数 (σ) は 2 である。

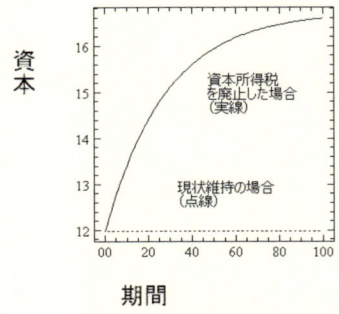

図 5.2: 資本の移行経路

資本所得税率 20% を維持した場合と資本所得税を廃止した場合の経済全体の資本の移行経路を比較したものである。 ちなみに，使用したパラメータは，主観的割引率 (ρ) は 0.05，異時点間の代替の弾力性の逆数 (σ) は 2 である。

図 5.3: 課税後の利子率の移行経路

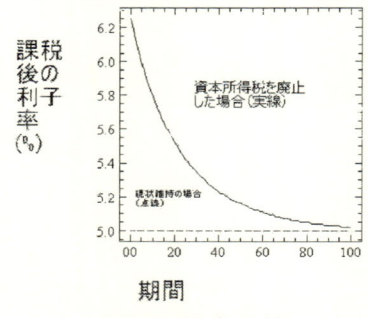

出所　筆者計算

資本所得税率 20% を維持した場合と資本所得税を廃止した場合の課税後の利子率の移行経路を比較したものである。単位は % である。 ちなみに, 使用したパラメータは, 主観的割引率 (ρ) は 0.05, 異時点間の代替の弾力性の逆数 (σ) は 2 である。

図 5.4: 賃金の移行経路

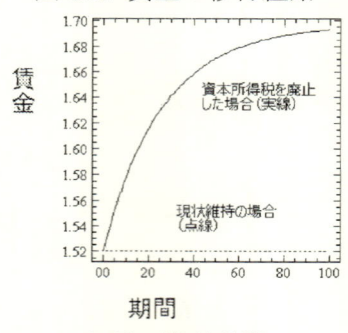

出所　筆者計算

資本所得税率 20% を維持した場合と資本所得税を廃止した場合の賃金の移行経路を比較したものである。 ちなみに, 使用したパラメータは, 主観的割引率 (ρ) は 0.05, 異時点間の代替の弾力性の逆数 (σ) は 2 である。

表 5.2: 均衡間の比較による分析（単位は %）

資本所得税率	経済厚生
0	11.61
5	8.83
10	5.97
15	3.03
20	0
25	-3.13
30	-6.37
35	-9.73
40	-13.22
45	-16.86
50	-20.67

出所　筆者計算

税制改革後, 旧来の定常均衡から, 新たな定常均衡に, すぐに到達するわけではない。税制改革後, 移行経路を経て, 税制改革後の定常均衡に到達する。均衡間の比較による分析は, 移行経路を無視するため, 税制改革の効果を過大に評価しがちである。税制改革の効果は, 移行経路を含めた上で評価すべきである[3]。

表 5.3 は, 税制改革の代表的個人の経済的厚生に与える効果を移行

---

[3]移行経路を含めた上で, 税制改革の効果を評価する方法をここで提示する。税制改革後の各個人の消費の移行経路 (c_t^i) より, 効用 $u1$ を求める。
$u1 = \int_0^\infty \exp(-\rho t) u(c_t^i) dt$
税制改革前の定常均衡における各個人の消費 (c_0^i) において, 下記の式が成立するような we を求める。
$u1 = \int_0^\infty \exp(-\rho t) u((1+we)c_0) dt$
we が, 仮に,0.05 ならば, 税制改革は 5% 厚生を改善したと定義する。

表 5.3: 移行経路を含めた上での分析（単位は%）

資本所得税率	経済的厚生
0	1.09
5	0.91
10	0.67
15	0.36
20	0
25	-0.49
30	-1.04
35	-1.69
40	-2.45
45	-3.33
50	-4.35

出所　筆者計算

経路を含めた上で分析したものである。表 5.3 の第 1 列は, 税制改革後の資本所得税率を示し, そして, 第 2 列は, 移行経路を含めた上で税制改革の効果を分析したものである。資本所得税率が 20% で定常均衡の代表的個人の経済的厚生を基準として, 税制改革後の代表的個人の経済的厚生を比較したものである。均衡間の比較による分析と同様に, 資本所得税の減税は, 常に, 代表的個人の厚生を改善する。また, 資本所得税を廃止する税制改革が, 代表的個人の厚生を最大化する。ただし, その効果は, 均衡間の比較による分析と比較すると非常に小さい。表 5.4 は, パラメータを変更した上で, 表 5.3 と同様の分析をおこなったものである。表 5.4 の第 1 列は, 税制改革後の資本所得税率を示し, そして, 第 2 列以降は, 移行経路を含めた上で税制改革の効果を分析したものである。資本所得税率が 20% で定常均衡の代表的個人

表 5.4: パラメータの仮定を変更した場合（単位は%）

初期資本	11.98	132.37	11.98	11.98
ρ	0.05	0.01	0.05	0.05
σ	2	2	1.05	4
0	1.09	1.13	1.01	0.77
5	0.91	0.95	0.78	0.65
10	0.67	0.71	0.48	0.48
15	0.36	0.4	0.09	0.26
20	0	0	0	0
25	-0.49	-0.45	-0.98	-0.34
30	-1.04	-1	-1.67	-0.74
35	-1.69	-1.65	-2.48	-1.21
40	-2.45	-2.41	-3.42	-1.76
45	-3.33	-3.29	-4.51	-2.41
50	-4.35	-4.31	-5.77	-3.16

出所　筆者計算

の経済的厚生を基準として，税制改革後の代表的個人の経済的厚生を比較したものである．パラメータを変更しても，表5.3と同様の結論が得られた．

　経済全体（マクロ）における分析の結果を整理すると，以下のようになる．第1に，資本所得税の減税は，均衡間の比較による分析，移行経路を含めた分析においても，代表的個人の経済厚生を改善する．第2に，資本所得税を廃止する税制改革が，均衡間の比較による分析，移行経路を含めた分析においても，代表的個人の経済的厚生を最大化する．第3に，均衡間の比較による分析と比較して，移行経路を含めた分析の場合，税制改革の代表的個人の経済的厚生に与える効果は小さい．

図 5.5: 第1個人の消費の移行経路

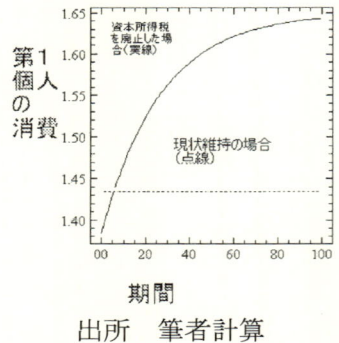

[図: 第1個人の消費の移行経路のグラフ。縦軸「第1個人の消費」1.40〜1.65、横軸「期間」0〜100。資本所得税を廃止した場合(実線)と現状維持の場合(点線)を比較。]

出所 筆者計算

資本所得税率 20% を維持した場合と資本所得税を廃止した場合の第1個人の消費の移行経路を比較したものである。ちなみに,使用したパラメータは,主観的割引率 (ρ) は 0.05,異時点間の代替の弾力性の逆数 (σ) は 2 である。

図 5.6: 第2個人の消費の移行経路

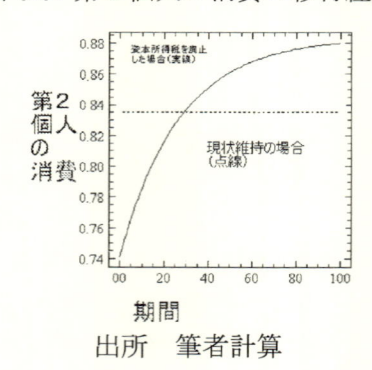

[図: 第2個人の消費の移行経路のグラフ。縦軸「第2個人の消費」0.74〜0.88、横軸「期間」0〜100。資本所得税を廃止した場合(実線)と現状維持の場合(点線)を比較。]

出所 筆者計算

資本所得税率 20% を維持した場合と資本所得税を廃止した場合の第2個人の消費の移行経路を比較したものである。ちなみに,使用したパラメータは,主観的割引率 (ρ) は 0.05,異時点間の代替の弾力性の逆数 (σ) は 2 である。

5.5.2 ミクロ

前項では, 経済全体 (マクロ) における資本所得税の経済的厚生に及ぼす効果について分析してきた。この項では, 資本所得税の各個人 ($i = 1, 2$) の経済的厚生に及ぼす影響について分析する。図 5.5, 5.6 は, 現行税制 (資本所得税 = 20%) で定常均衡にある経済において, 資本所得税を廃止する税制改革をおこなった場合の各個人の消費 (c_t^i) の移行経路を図示したものである。図 5.5, 5.6 の横軸は期間を示し, 縦軸は各個人の消費を示している。資本所得税廃止直後, 各個人ともに, 資本所得税廃止による利子率 (r_t) の上昇により, 消費を減少させ, 投資を増加させる。それ以後, 利子率の低下とともに, 消費は上昇し, 投資は減少していく。図 5.7, 5.8 は, 各個人の所得 (y_t^i) の移行経路を図示したものである。図 5.7, 5.8 の横軸は期間を示し, 縦軸は各個人の所得を示している。第 1 個人の所得 (y_t^1) は, 税制改革直後から一貫して, 賃金, 資本所得の上昇により大きく上昇する。それに対して, 第 2 個人の所得 (y_t^2) は, 税制改革直後, 定額移転の廃止により, 大きく減少する。それ以後, 賃金の上昇に伴って所得は増加していく。

常識的に考えれば, 資本所得税の減税は, 各個人の経済的厚生に以下のような効果をもたらすと考えられる。資産を持つ第 1 個人は, 資本所得税の減税による資本所得の増加により, 当然, 経済的厚生を改善する。それに対して, 資産を持たない第 2 個人は, 資本所得税の減税による資本所得の増加による利益はなく, 資本所得税を財源とする定額移転の減少により, 経済的厚生を悪化させる。

表 5.5 は, 均衡間の比較による分析により, 税制改革の各個人の経済的厚生に与える効果を示したものである。表 5.5 の第 1 列は, 税制改革後の資本所得税率を示し, 第 2 列は, 資本所得税率が 20% で定常均衡における第 1 個人の経済的厚生を基準として, 税制改革後の定常均衡における第 1 個人の経済的厚生を比較したものである。そして, 第 3 列は, 資本所得税率が 20% で定常均衡における第 2 個人の経済的厚

図 5.7: 第 1 個人の所得の移行経路

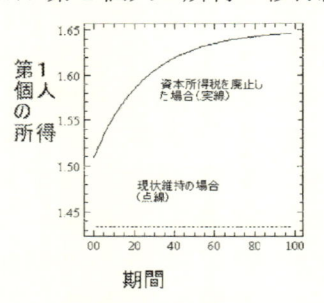

出所　筆者計算

　資本所得税率 20% を維持した場合と資本所得税を廃止した場合の第 1 個人の所得の移行経路を比較したものである。ちなみに, 使用したパラメータは, 主観的割引率 (ρ) は 0.05, 異時点間の代替の弾力性の逆数 (σ) は 2 である。

図 5.8: 第 2 個人の所得の移行経路

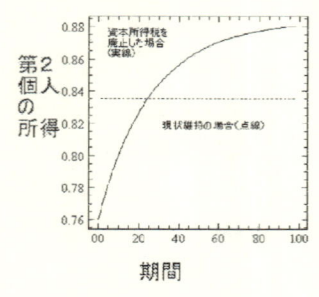

出所　筆者計算

　資本所得税率 20% を維持した場合と資本所得税を廃止した場合の第 2 個人の所得の移行経路を比較したものである。ちなみに, 使用したパラメータは, 主観的割引率 (ρ) は 0.05, 異時点間の代替の弾力性の逆数 (σ) は 2 である。

表 5.5: 均衡間の比較による分析（単位は%）

資本所得税率	第1個人	第2個人
0	15.01	5.78
5	11.29	4.6
10	7.55	3.25
15	3.79	1.72
20	0	0
25	-3.84	-1.92
30	-7.72	-4.05
35	-11.67	-6.39
40	-15.69	-8.98
45	-19.8	-11.81
50	-24.02	-14.93

出所　筆者計算

生を基準として，税制改革後の定常均衡における第2個人の経済的厚生を比較したものである。上記の常識と異なる結論が得られた。第1個人，第2個人ともに，資本所得税を減税する税制改革は，各個人の経済的厚生は上昇させる。資本所得税を増税する税制改革は，各個人の経済的厚生は低下させる。そして，資本所得税を廃止する税制改革が，各個人の経済的厚生を最大化する。

ただし，税制改革の効果を均衡間の比較による分析で評価することは適当ではない。何故ならば，税制改革後，移行経路を経て，税制改革後の定常均衡に到達する。均衡間の比較による分析は，移行経路を無視するため，税制改革の効果を過大に評価しがちである。税制改革の効果を正確に分析するためには，移行経路を含めた上で評価するべきである。表 5.6 は，税制改革の各個人の経済的厚生に与える効果を移

表 5.6: 移行経路を含めた分析（単位は %）

資本所得税率	第1個人	第2個人
0	4.16	-4.2
5	3.19	-3.01
10	2.17	-1.92
15	1.1	-0.92
20	0	0
25	-1.21	0.76
30	-2.47	1.41
35	-3.8	1.94
40	-5.23	2.32
45	-6.75	2.54
50	-8.38	2.58

出所　筆者計算

行経路を含めた上で分析したものである。表5.6の第1列は，税制改革後の資本所得税率を示し，第2列は，税制改革の効果を移行経路を含めた上で分析したものである。資本所得税率が20%で定常均衡の代表的個人の経済的厚生を基準として，税制改革後の第1個人の経済的厚生を比較したものであり，そして，第3列は，税制改革の効果を移行経路を含めた上で分析したものである。資本所得税率が20%で定常均衡の代表的個人の経済的厚生を基準として，税制改革後の第2個人の経済的厚生を比較したものである。表5.6から導かれる結論を整理すると，以下のようになる。資本所得税を減税する税制改革は，第1個人の経済的厚生を上昇させ，第2個人の経済的厚生を悪化させる。資

表 5.7: パラメータを変更した場合（単位は %）

初期資本	11.98	132.37	11.98	11.98
ρ	0.05	0.01	0.05	0.05
σ	2	2	1.05	4
0	(4.16,-4.2)	(4.2,-4.17)	(3.46,-3.2)	(4.5,-5.64)
10	(2.17,-1.92)	(2.2,-1.88)	(1.66,-1.56)	(2.32,-2.68)
20	(0,0)	(0,0)	(0,0)	(0,0)
30	(-2.47,1.41)	(-2.42,1.45)	(-2.76,0.2)	(-2.52,2.32)
40	(-5.23,2.32)	(-5.18,2.35)	(-5.5,0.15)	(-5.26,4.24)
50	(-8.38,2.58)	(-8.34,2.61)	(-8.73,-0.69)	(-8.3,5.67)

出所　筆者計算

本所得税を増税する税制改革は，第1個人の経済的厚生を悪化させ，第2個人の経済的厚生を上昇させる。

表5.7は，表5.6のパラメータを変更して，税制改革の各個人の経済的厚生に与える効果を移行経路を含めた上で分析したものである。表5.7の第1列は，税制改革後の資本所得税率を示し，そして，第2列以降は，税制改革の効果を移行経路を含めた上で分析したものである。資本所得税率が20%で定常均衡の各個人の経済厚生を基準として，税制改革後の第1個人（括弧内左），第2個人（括弧内右）の経済厚生を比較したものである。結論は，表5.6と同様に，資本所得税の減税は，資産を保有する第1個人の経済的厚生を改善し，資産を保有しない第2個人の経済的厚生を悪化させる。

ミクロにおける分析の結果を整理すると，以下のようになる。第1に，均衡間の比較による分析の場合には，資本所得税の減税は，第1個

人，第2個人ともに，経済的厚生を改善する．第2に，均衡間の比較による分析の場合には，資本所得税を廃止する税制改革が，第1個人，第2個人ともに，経済的厚生を最大化する．第3に，移行経路を含めた分析の場合には，資本所得税を減税する税制改革は，第1個人の経済的厚生を改善し，そして，第2個人の経済的厚生を悪化させる．そして，資本所得税を増税する税制改革は，第1個人の経済的厚生を悪化させ，そして，第2個人の経済的厚生を改善する．

5.6 まとめ

　この章では，初期時点において，資産を保有する個人と資産を保有しない個人により構成される経済において，資本所得税が，各個人の経済厚生に与える影響を分析してきた．この章が導いた結論を整理すると以下のようになる．第1に，均衡間の比較による分析の場合には，資本所得税を廃止する税制改革は，すべての個人の経済厚生を改善する．常識的に考えれば，資本所得税の廃止は，資本所得税を財源とする定額移転の廃止により，資産を保有しない個人の経済厚生を悪化させるように思われる．しかし，資本所得税の廃止する税制改革は，資本蓄積を促進し，資産を保有しない個人に，定額移転の廃止による損失を上回る賃金の上昇による利益をもたらすためである．第2に，移行経路を含めた上で分析した場合には，資本所得税を廃止する税制改革は，均衡間の比較による分析とは異なり，資産を保有しない個人の経済厚生を悪化させる．これは，資本所得税の廃止が，短期的には，資産を保有しない個人に，定額移転の廃止による損失だけが降りかかるためである．

第6章　最適所得税論

6.1　はじめに

　Mirrlees(1971) は, 稼得能力の異なる個人により構成される経済において, いかなる所得税体系が, 社会的厚生を最大化するのかについて, シミュレーションを利用して分析している。分析の結果を整理すると, 以下のようになる。第1に, 最適所得税体系における税率は, 現行税制ほど高くない。第2に, 最適所得税体系は, 所得の上昇に応じて, 限界税率が低下していく逆進的課税体系である。第3に, 最適所得税体系は, 両極を除いて, 限界税率の低下の傾きは緩やかであり, 線形近似可能である。現実の所得税体系は, Mirrlees(1971) の導いた最適所得税体系と大きく異なる。現実の所得税体系は, Mirrlees(1971) の導いた限界税率よりも高く, 所得の上昇に応じて, 限界税率が上昇していく超過累進的な課税体系であり, かつ, その限界税率の上昇の傾きは急であり, 線形近似可能ではない。最適所得税論の枠組みでは, 現実の所得税体系を説明できないのではないだろうか。Mirrlees(1971) の導いた最適所得税体系と現実の所得税体系が不一致の理由として, 2つの可能性が考えられる。第1に, Mirrlees(1971) の仮定したパラメータが特殊であるため, 最適所得税体系は, 現実の所得税体系を説明することは不可能なのであり, パラメータを現実的なものに変更した場合には, 最適所得税体系は, 現実の所得税体系を説明できるのではないだろうか。第2に, 最適所得税論では, 社会的厚生を最大化する所得税体系

と定額移転を同時に決定しているが,現実の政府は,定額移転を与件とした上で,社会的厚生を最大化する所得税体系を求めているのではないのだろうか。

Mirrlees(1971)は,消費と余暇との代替の弾力性を1と仮定して,シミュレーションによる分析をおこなっているが,現実の消費と余暇の代替の弾力性はそれほど高くない。Mirrlees(1971)の仮定したパラメータを変更した上での分析結果を整理すると,以下のようになる。第1に,消費と余暇の代替の弾力性を0.5に変更すると,現実の所得税率を説明できるだけの高さを持つ。第2に,消費と余暇の代替の弾力性を0.5に変更すると,限界税率の低下の傾きは急であり,線形近似は不可能である。第3に,稼得能力の分布を変更すると,最適所得税体系は,超過累進課税体系となる。しかし,その傾きは緩やかで,線形近似可能であり,現実の超過累進課税体系を説明できるわけではない。パラメータを変更しても,最適所得税論の枠組みでは,現実の超過累進課税体系を説明できるわけではない。

最適所得税論では,所得税体系と定額移転を同時に決定しているが,現実には,定額移転を与件とした上で,社会的厚生を最大化する所得税体系を求めているのではないのだろうか。定額移転を与件とした上で,社会的厚生を最大化する所得税体系を計算すると,以下のような結論が導かれる。定額移転が過少な場合には,所得の上昇に応じて,限界税率が上昇していく超過累進課税体系が,最適所得税体系となり,そして,その限界税率の上昇の傾きは急であり,現実の超過累進課税体系を説明できるものとなる。

本章の構成は,以下の通りである。第2節では,最適所得税論を理解する上で,必要不可欠な概念である誘因整合制約について紹介する。第3節では,分析の基本となるMirrlees(1971)のモデルを紹介する。第4節では,第3節で提示したモデルを分析するための数値解析を利用した手法を提示する。第5節では,最適所得税論の先行研究を第4

節で提示した手法による追試を交えながら紹介する。第6節では,独自の分析を加える。第7節は,まとめである。

6.2 誘因整合制約

ここでは,最適所得税論を理解する上で,必要不可欠な概念である「誘因整合制約」について説明する。すべての個人の効用 (u) は,消費 (c) と労働供給 (l) に関する関数 (v) であると仮定する。

$$u = v(c, l) \tag{6.1}$$

θ の稼得能力を持つ個人の課税前所得 (y) は,労働供給 (l) と稼得能力 (θ) を掛けたものとする。

$$y = \theta l \tag{6.2}$$

上記の仮定より,効用関数 (v) は,消費 (c), 課税前所得 (y), 稼得能力 (θ) に関する関数 (u) に書き換えることができる。

$$v(c, l) = v(c, y/\theta) = u(c, y, \theta) \tag{6.3}$$

個人の予算制約式は,課税額を t とすると,以下のようになる。

$$c = y - t \tag{6.4}$$

図 6.1 は,任意の課税計画 $(c(\theta), y(\theta))$ を示したものである。図 6.1 の横軸は課税前所得を示し,縦軸は消費(=課税後所得)を示している。$\hat{\theta}$ の稼得能力を持つ個人は,$y(\hat{\theta})$ の課税前所得,$c(\hat{\theta})$ の消費という配分がなされる。この場合の $\hat{\theta}$ の稼得能力を持つ個人の負担する税額は,$t(\hat{\theta}) = (y(\hat{\theta}) - c(\hat{\theta}))$ となる。政府が個人の稼得能力 (θ) を識別で

図 6.1: 課税計画

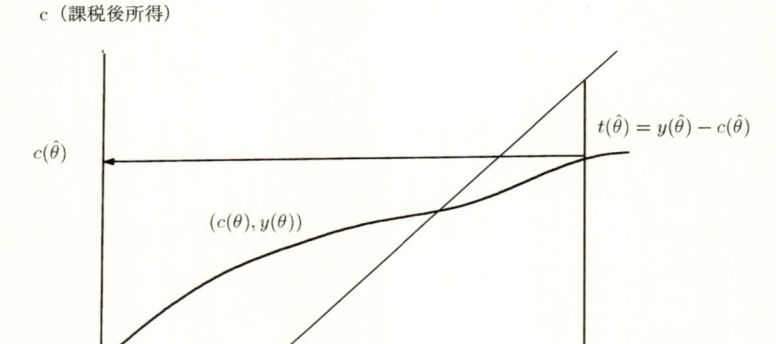

きる場合には，いかなる課税計画 $(c(\theta), y(\theta))$ であろうとも実現可能である。

図 6.2 は，図 6.1 に，$\hat{\theta}$ の稼得能力を持つ個人の無差別曲線を 2 本書き加えたものである。図 6.2 の横軸は課税前所得を示し，縦軸は消費（=課税後所得）を示している。政府の設定する $(c(\hat{\theta}), y(\hat{\theta}))$ を通る $\hat{\theta}$ の稼得能力を持つ個人の無差別曲線 ($\hat{W}$) と $(c(\bar{\theta}), y(\bar{\theta}))$ を通る $\hat{\theta}$ の稼得能力を持つ個人の無差別曲線 ($\bar{W}$) と比較した場合には，$\bar{W} > \hat{W}$ となる。政府が，個人の稼得能力 (θ) を識別できない場合には，$\hat{\theta}$ の稼得能力を持つ個人は，$(c(\hat{\theta}), y(\hat{\theta}))$ の配分を選択せず，別の配分を選択するだろう。つまり，政府が個人の稼得能力を識別できない場合には，この

図 6.2: 実現不可能な課税計画

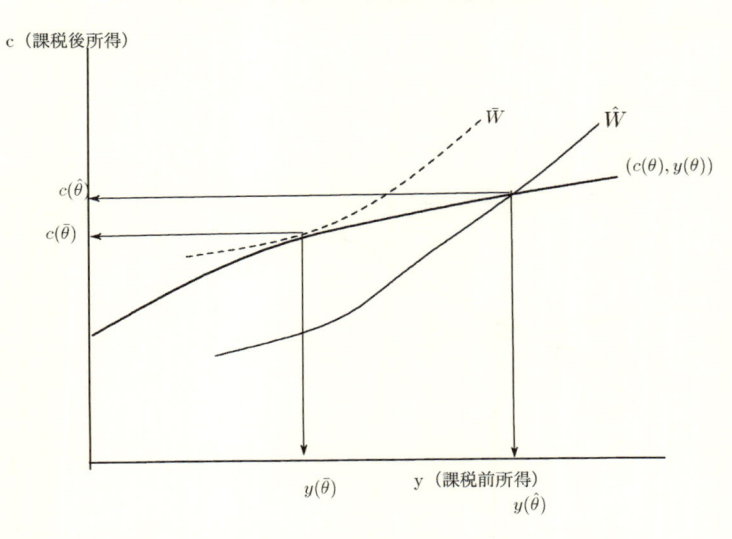

$\hat{W}$（実線）は $\hat{\theta}$ の稼得能力の個人の $(c(\hat{\theta}), y(\hat{\theta}))$ を通る無差別曲線を示し, $\bar{W}$（破線）は $\hat{\theta}$ の稼得能力の個人の $(c(\bar{\theta}), y(\bar{\theta}))$ を通る無差別曲線を示している。

課税計画 $(c(\theta), y(\theta))$ は実現不可能である。

政府が個人の稼得能力 (θ) を識別できない場合には, 実現可能な課税計画 $(c(\theta), y(\theta))$ は, 以下の式を満たす必要がある。θ の稼得能力を持つ個人が, 政府の設定する課税計画に従った場合に得られる効用 $(W(\theta))$ とする。

$$W(\theta) = u(c(\theta), y(\theta), \theta) \tag{6.5}$$

実現可能な課税計画であるためには, $\hat{\theta}$ の稼得能力を持つ個人にとって, 政府が提示する課税計画 $(c(\theta), y(\theta))$ の中で, 効用を最大化する配

図 6.3: 実現可能な課税計画

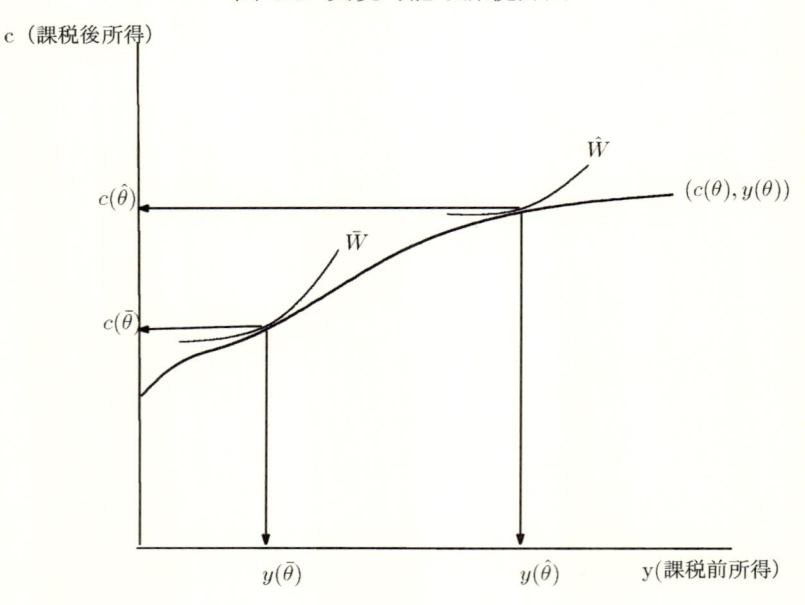

$\hat{W}$ は $\hat{\theta}$ の稼得能力の個人の $(c(\hat{\theta}), y(\hat{\theta}))$ を通る無差別曲線を示している。

分が, $(c(\hat{\theta}), y(\hat{\theta}))$ である必要がある.

$$W(\hat{\theta}) = \max_{\theta} u(c(\theta), y(\theta), \hat{\theta}) \tag{6.6}$$

さらに, 上記の式が成立するならば, 以下の式[1]が成立する.

---

[1] 直観的な証明をおこなう.
$u(c(\theta + \triangle), y(\theta + \triangle), \theta) = u(c(\theta), y(\theta), \theta) + \triangle(u_c \dot{c} + u_y \dot{y})$
仮に, $u_y \dot{y} + u_c \dot{c} > 0$ の場合, $\triangle > 0$ とすると, $u(c(\theta + \triangle), y(\theta + \triangle), \theta) > u(c(\theta), y(\theta), \theta)$ となる.
仮に, $u_y \dot{y} + u_c \dot{c} < 0$ の場合, $\triangle < 0$ とすると, $u(c(\theta + \triangle), y(\theta + \triangle), \theta) > u(c(\theta), y(\theta), \theta)$ となる. つまり,(6.6) 式を満たすためには, $u_y \dot{y} + u_c \dot{c} = 0$ である必要がある.

第6章 最適所得税論

$$u_c\dot{c} + u_y\dot{y} = 0 \tag{6.7}$$

上記の式より, 以下の式[2] が導ける。

$$\dot{W}(\theta) = u_c\dot{c} + u_y\dot{y} + u_\theta = u_\theta \tag{6.8}$$

政府が個人の稼得能力 (θ) を識別できない場合には, 実現可能な課税計画 ($c(\theta), y(\theta)$) は, 図 6.3 のような図が描ける場合である。図 6.3 の横軸は課税前所得を示し, そして, 縦軸は消費 (=課税後所得) を示している。($c(\hat{\theta}), y(\hat{\theta})$) を通る $\hat{\theta}$ の稼得能力を持つ個人の無差別曲線 ($\hat{W}$) は, 課税計画 ($c(\theta), y(\theta)$) に接している場合である。このような制約を「誘因整合制約」と呼ぶ。

6.3 モデル

ここでは, Mirrlees(1971) の提示したモデルについて紹介する。Mirrlees(1971) の提示したモデルの特徴は, 以下の4点である。第1に, すべての個人の効用関数は等しい。第2に, 個人の稼得能力は多様であり, 政府は, その稼得能力を識別できない。第3に, 消費財と労働の2財のみにより構成されている。第4に, 生産関数は線形である。上記の特徴は, この章で紹介する Tuomala(1984) 等の最適所得税論の先行研究にも共通している。

個人の効用関数 (v) は, コブ=ダグラス型関数であると仮定する。

$$v(c, l) = \log(c) + \log(1 - l) \tag{6.9}$$

ちなみに, c は消費であり, l は労働時間である。個人の所得 (y) は, 稼得能力 (θ) と労働時間 (l) を掛けたものと仮定する。

---

[2] ちなみに, $\dot{W} = \frac{dW}{d\theta}, \dot{y} = \frac{dy}{d\theta}, \dot{c} = \frac{dc}{d\theta}$

$$y(\theta) = l(\theta)\theta \tag{6.10}$$

効用関数 (v) を消費 (c), 稼得能力 (θ), 所得 (y) に関する下記のような関数 (u) に書き換えることができる。

$$u(c, y, \theta) = \log(c) + \log(1 - y/\theta) \tag{6.11}$$

θ の稼得能力の個人が, 政府の設定する課税計画 ($c(\theta), y(\theta)$) に従った場合に得られる効用 (W) とする。

$$W(\theta) = u(c(\theta), y(\theta), \theta) \tag{6.12}$$

課税計画 ($c(\theta), y(\theta)$) が誘因整合制約を満たす場合には, 以下の式が成立する。

$$W(\hat{\theta}) = \max_{\theta} u(c(\theta), y(\theta), \hat{\theta}) \tag{6.13}$$

$$\dot{W}(\theta) = u_{\theta}(c(\theta), y(\theta), \theta) \tag{6.14}$$

個人の稼得能力の対数は, 平均 (μ), 標準偏差 (σ) の正規分布に従うと仮定する。また, 稼得能力の密度関数は ϕ とする。社会的厚生関数 (wel) は, 下記のように仮定する。

$$wel = \int_{0}^{\infty} G(u)\phi(\theta)d\theta \tag{6.15}$$

$$G(u) = -\frac{\exp(-vu)}{v} \tag{6.16}$$

政府の予算制約式は, 以下のように仮定する。

$$R = \int_{0}^{\infty} (y(\theta) - c(\theta))\phi(\theta)d\theta \tag{6.17}$$

政府は,(6.19),(6.20),(6.21),(6.22) 式の制約を満たした上で, (6.18) 式を最大化するような最適所得税体系を定める。

$$\max \int_0^\infty G(u(c(\theta), y(\theta), \theta))\phi(\theta)d\theta \tag{6.18}$$

$$\dot{W}(\theta) = u_\theta(c(\theta), y(\theta), \theta) \tag{6.19}$$

$$W(\theta) = u(c(\theta), y(\theta), \theta) \tag{6.20}$$

$$R = \int_0^\infty (y(\theta) - c(\theta))\phi(\theta)d\theta \tag{6.21}$$

$$y \geq 0 \tag{6.22}$$

この問題をハミルトニアンにすると,以下の式のようになる。

$$H = G(u)\phi + \lambda_1 u_\theta + \lambda_2(W - u) + \lambda_3(y - c)\phi + \lambda_4 y \tag{6.23}$$

上記のハミルトニアンを解き, $y > 0$ の場合, 横断面の条件を加えると, 以下の式が導ける。

$$G'(u)u_c\phi - \lambda_2 u_c - \lambda_3\phi = 0 \tag{6.24}$$

$$G'(u)u_y\phi + \lambda_1 u_{y\theta} - \lambda_2 u_y + \lambda_3\phi = 0 \tag{6.25}$$

$$\dot{\lambda}_1 = -\lambda_2 \tag{6.26}$$

$$\dot{W}(\theta) = u_\theta(c(\theta), y(\theta), \theta) \tag{6.27}$$

$$W(\theta) = u(c(\theta), y(\theta), \theta) \tag{6.28}$$

$$R = \int_0^\infty (y(\theta) - c(\theta))\phi(\theta)d\theta \tag{6.29}$$

$$\lambda_3(\theta) = \bar{\lambda}_3 \tag{6.30}$$

$$\lambda_1(\infty) = 0 \tag{6.31}$$

6.4 数値解析

前節で提示した Mirrlees(1971) モデルを分析するには,2 つの困難が伴う。第 1 に,最適所得税体系は,非線形連立微分方程式により表現されている点である。一般に,非線形微分方程式は,解析的に解くことはできない。第 2 に,初期値に,未知数が含まれる点である。初期値に未知数が含まれる場合,微分方程式を解くことはできない。第 1 の問題は,数値解析の使用により,容易に解決可能だが,第 2 の問題の解決は,容易ではない。そのため,最適非線形所得税体系の数値例を示す先行研究は,非常に数が少ない。

ここでは,先行研究と同様に,数値解析を利用して,最適所得税体系を導く手法を提示する。ただし,Tuomala(1984) が示した手法とは,2 つの点で異なる。第 1 に,Tuomala(1984) が,稼得能力の下限を初期点として,非線形連立微分方程式を解いているのに対して,この章では,稼得能力の上限を初期点として,非線形連立微分方程式を解く。第 2 に,Tuomala(1984) は,非線形連立微分方程式をさらに変形しているが,この章では,そのままの形で解いている。

稼得能力の上限 (θ_N) を仮定する。そして,稼得能力の下限 ($\theta_0 = 0$)

まで，N個に能力 (θ_n) を等間隔に分割する。

（ステップ 1）λ_3 を任意の値に仮定する。

（ステップ 2）稼得能力の上限 (θ_N) における課税前所得 ($y(\theta_N)$) を任意の値に仮定する。

（ステップ 3）$n = N$ とする。稼得能力の上限 (θ_N) における $\lambda_1(\theta_N)$ は，横断面の条件より，以下の式が成立する。

$$\lambda_1(\theta_N) = 0 \tag{6.32}$$

稼得能力の上限 (θ_N) における消費 ($c(\theta_N)$) は，下記の式から求められる。

$$\frac{u_y(c(\theta_N), y(\theta_N), \theta_N)}{u_c(c(\theta_N), y(\theta_N), \theta_N)} = -1 \tag{6.33}$$

稼得能力の上限 (θ_N) における $W(\theta_N)$ は以下の式のように定まる。

$$W(\theta_N) = u(c(\theta_N), y(\theta_N), \theta_N) \tag{6.34}$$

稼得能力の上限 (θ_N) における ($\lambda_2(\theta_N)$) を以下の式から計算する。

$$\lambda_2(\theta_N) = \frac{G'(u)u_c \phi - \lambda_3 \phi}{u_c} \tag{6.35}$$

（ステップ 4）

$$n = n - 1 \tag{6.36}$$

（ステップ 5）

下記の非線形微分方程式を数値解析で解き，$(W(\theta_n), \lambda_1(\theta_n))$ を求める。

$$\dot{W}(\theta_{n+1}) = u_\theta(c(\theta_{n+1}), y(\theta_{n+1}), \theta_{n+1}) \tag{6.37}$$

$$\dot{\lambda_1}(\theta_{n+1}) = -\lambda_2(\theta_{n+1}) \tag{6.38}$$

（ステップ 6）

下記の非線形連立方程式を数値解析で解き，稼得能力 (θ_n) における所得 (y), 消費 (c),λ_2 を求める。

$$W(\theta_n) = u(c(\theta_n), y(\theta_n), \theta_n) \tag{6.39}$$

$G'(W(\theta_n))u_c(c(\theta_n), y(\theta_n), \theta_n)\phi(\theta_n) - \lambda_2(\theta_n)u_c(c(\theta_n), y(\theta_n), \theta_n)$

$-\lambda_3\phi(\theta_n) = 0 \tag{6.40}$

$G'(W(\theta_n))u_y(c(\theta_n), y(\theta_n), \theta_n)\phi(\theta_n) + \lambda_1(\theta_n)u_{y\theta}(c(\theta_n), y(\theta_n), \theta_n)$

$-\lambda_2(\theta_n)u_y(c(\theta_n), y(\theta_n), \theta_n) + \lambda_3\phi(\theta_n) = 0 \tag{6.41}$

（ステップ 7）

ステップ 6 で計算した所得 ($y(\theta_n)$) が,0 の場合, ステップ 8 へ進む。ステップ 6 で計算した所得 ($y(\theta_n)$) が，0 以外の場合, ステップ 4 へ戻る。

（ステップ 8）

$$\bar{\theta} = \theta_n \tag{6.42}$$

($\bar{\theta}$) 以下の稼得能力を持つ個人の所得 (y) は, 以下の式のように定める。

$$y(\theta) = 0 \tag{6.43}$$

($\bar{\theta}$) 以下の稼得能力を持つ個人の消費 ($\bar{c}$) は, 以下のようになる。

$$\bar{c} = c(\theta_n) \tag{6.44}$$

(ステップ9)

下記の式が成立する場合, ステップ10 へ進む. 下記の式が成立しない場合, ステップ2 へ戻る.

$$R = \int_0^\infty (y(\theta) - c(\theta))\phi(\theta)d\theta \tag{6.45}$$

(ステップ10)

λ_3 における経済厚生 (wel) を計算する.

$$wel(\lambda_3) = \int_0^\infty G(u(c(\theta), y(\theta), \theta))\phi(\theta)d\theta \tag{6.46}$$

ステップ1 へ戻る.

6.5 先行研究

Mirrlees(1971) は, シミュレーションによる分析により, 最適所得税体系が, 以下の3つの性質を持つと主張している. 第1に, 最適所得税体系における限界税率は, 現行税制ほど高くない. 第2に, 最適所得税体系は, 所得の上昇に応じて, 限界税率が低下していく. 第3に, 最適所得税体系は, 両極を除いて, 限界税率の低下の傾きは緩やかであり, 線形近似可能である. 上記の主張に対して, 当然, パラメータや関数形の仮定に依存する結論ではないのかという疑問が持たれる. Mirrlees(1971) 以後の最適所得税論の先行研究は, この疑問を検討することに力を注いできた. この節では, 最適所得税論の先行研究を前節で提示した手法による追試を交えながら紹介し, そして, Mirrlees(1971) の主張が, パラメータや関数形の仮定を変更しても妥当なのかについて検討する.

表 6.1: Mirrlees(1971)

v	0	0	1	1	1
r	0.93	1.1	1.2	0.98	0.88
課税前所得	ケース 1	ケース 2	ケース 3	ケース 4	ケース 5
0	0.03(0.06)	0.05(0.08)	0.07(0.09)	0.05(0.07)	0.04(0.05)
0.05	0.07(0.07)	0.09(0.1)	0.11(0.11)	0.08(0.09)	0.07(0.07)
0.1	0.1(0.11)	0.13(0.13)	0.14(0.14)	0.12(0.12)	0.1(0.1)
0.2	0.18(0.18)	0.21(0.2)	0.22(0.21)	0.19(0.18)	0.17(0.17)
0.3	0.26(0.26)	0.29(0.28)	0.29(0.29)	0.26(0.26)	0.24(0.24)
0.4	0.34(0.34)	0.37(0.36)	0.37(0.36)	0.34(0.33)	0.31(0.32)
0.5	0.43(0.42)	0.46(0.45)	0.45(0.44)	0.41(0.41)	0.39(0.39)

出所　Mirrlees(1971), 筆者計算

6.5.1　Mirrlees(1971)

　Mirrlees(1971) は, シミュレーションによる分析により, 最適所得税体系に関して, 非常に興味深い結論を導いている。表 6.1[3]は, Mirrlees(1971)の分析結果を写したものである。最適所得税体系における課税前所得と課税後所得の関係について計算した結果である。表 6.1 の第 1 列は, 課税前所得を示し, そして, 第 2 列以降は, 最適所得税体系における課税後所得を示している。括弧内は, 追試の結果である。ちなみに, v は社会的厚生関数を示すパラメータであり, r は政府の予算制約を示すパラメータである。図 6.4 は, ケース 1 における最適所得税体系における課税前所得と限界税率の関係をグラフにしたものである。図 6.4

---

[3] 記号 r は, $r = \dfrac{\int c(\theta)\phi(\theta)d\theta}{\int y(\theta)\phi(\theta)d\theta}$

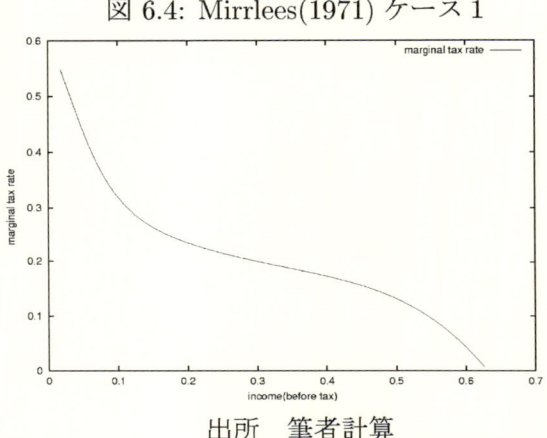

図 6.4: Mirrlees(1971) ケース 1

[グラフ: marginal tax rate vs income(before tax)]

出所　筆者計算

Mirrlees(1971) のケース 1 ($v = 0, r = 0.93$) における最適所得税体系の課税前所得と限界税率の関係を示している。横軸は課税前所得を示し, 縦軸は限界税率を示している。

の横軸は課税前所得を示し, 縦軸は限界税率を示している。図 6.4 から, 以下の 3 つの結論が導かれる。第 1 に, 最適所得税体系における限界税率は, 現行税制を説明できるほど高くない。第 2 に, 最適所得税体系における限界税率は, 所得の上昇とともに低下していく。第 3 に, 両極を除いて, 限界税率の傾きは緩やかであり, 最適所得税体系は線形近似可能である。

6.5.2　Stern(1976)

Mirrlees(1971) は, 最適所得税体系における限界税率が, 現行税制を説明できるほど高くないという主張しているが, それに対して, Stern(1976) は, Mirrlees(1971) の主張に反する数値例を提示している。Mirrlees(1971) は, 消費と余暇の代替の弾力性を 1 と仮定している。しかし, 現実の経済において, 消費と余暇の代替の弾力性はそれほど高くない。Stern(1976)

表 6.2: Stern(1976)

v	1	-1	-2	1
R	0	0	0	0.05
弾力性	ケース1	ケース2	ケース3	ケース4
0.1	54.6(54)	75.3(75)	78.4(78)	59.5(59)
0.2	36.2(36)	62.7(63)	67(67)	40.6(40)
0.3	27.4(27)	54.1(54)	59(59)	30.9(31)
0.4	22.3(22)	47.7(48)	52.7(53)	25.4(25)
0.5	19.1(19)	42.8(43)	47.8(48)	21.7(21)
0.6	17(17)	38.9(39)	43.8(44)	18.9(19)
0.7	15.4(15)	35.7(35)	40.4(40)	19.3(17)
0.8	14.1(14)	33.1(33)	37.6(37)	19.7(16)
0.9	13.3(13)	30.9(31)	35.2(35)	20.1(16)

出所　Stern(1976), 筆者計算（最適税率の単位は%）

は, 消費と余暇の代替の弾力性を現実的な値に置き換えた場合には, 最適線形所得税の枠組みにおいて, 最適税率が現行税制を説明しうるだけの高さを持つと主張している.

Mirrlees(1971) と Stern(1976) の最大の相異点は, Mirrlees(1971) が最適非線形所得税体系を分析しているのに対して, Stern(1976) は, 最適線形所得税体系を分析していることである. さらに, 以下の3点でも異なっている. 第1に, 効用関数 (u) は, 消費 (c) と労働 (l) に関する CES 型関数を仮定している.

$$u(c,l) = (\delta c^{-\gamma} + (1-\delta)(1-l)^{-\gamma})^{-1/\gamma} \quad (6.47)$$

第2に, 社会的厚生関数 (wel) は, 以下のように仮定している.

$$wel = \int_0^\infty G(u)\phi(\theta)d\theta \tag{6.48}$$

$$G(u) = u^v/v \tag{6.49}$$

第3に,政府の予算制約式は,以下の式のように仮定する。

$$R = \int_0^\infty (y(\theta) - c(\theta))\phi(\theta)d\theta \tag{6.50}$$

表6.2は,Stern(1976)の分析結果を写したものである。消費と余暇の代替の弾力性と最適税率の関係を表にしたものである。表6.2の第1列は,消費と余暇の代替の弾力性を示し,そして,第2列以降は,最適税率を示している。括弧内は,追試結果を示したものである。ちなみに,vは社会的厚生関数を示すパラメータであり,Rは政府の予算制約を示すパラメータである。表6.2から導かれる結論を整理すると,以下のようになる。第1に,消費と余暇の代替の弾力性が高いほど,最適税率は低くなり,そして,消費と余暇の代替の弾力性が低いほど,最適税率は高くなる。第2に,社会的厚生関数が平等を重視するようになるほど,最適税率は高くなり,そして,社会的厚生関数が効率を重視するものになるほど,最適税率は低くなる。第3に,Stern(1976)は,現実の経済における消費と余暇の弾力性を0.4ぐらいだろうと推定している。この場合には,現行税制における税率の高さを説明可能である。つまり,最適所得税体系の限界税率が,現行税制を説明しうるほど高くないというMirrlees(1971)の主張は否定されることになる。

6.5.3　Tuomala(1984)

Mirrlees(1971)は,最適所得税体系が,所得の上昇に応じて,限界税率が低下していくという意味で逆進的であると主張している。と同時に,両極の一部を除いて,限界税率の傾きは緩やかであり,最適所得税

表 6.3: Tuomala(1984)

v	0	0	0	1
r	1	0.9	1.1	1
累積密度	ケース1	ケース2	ケース3	ケース4
0.1	0.12,0.16	0.13,0.15	0.12,0.17	0.1,0.16
	(0.12,0.16)	(0.14,0.15)	(0.11,0.17)	(0.1,0.16)
0.5	0.2,0.21	0.21,0.19	0.2,0.22	0.19,0.19
	(0.21,0.2)	(0.22,0.19)	(0.2,0.22)	(0.19,0.2)
0.9	0.33,0.28	0.34,0.27	0.32,0.3	0.33,0.26
	(0.33,0.28)	(0.34,0.27)	(0.32,0.3)	(0.33,0.27)
0.99	0.48,0.39	0.5,0.38	0.47,0.41	0.5,0.36
	(0.48,0.39)	(0.5,0.37)	(0.49,0.38)	(0.49,0.37)

出所　Tuomala(1984), 筆者計算

体系は線形近似可能であると主張している。この主張に対して,Tuomala(1984) は,Stern(1976) と同様に, パラメータの仮定に疑問を投げかけている。Mirrlees(1971) の導いた最適所得税体系の線形近似可能性は, パラメータの仮定に依存するのではないのか。現実的なパラメータを仮定した場合には, 別の結論が得られるのではないか。Tuomala(1984) は, この問題に取り組んだ先行研究である。

Tuomala(1984) は,Mirrlees(1971) と効用関数の仮定を除いて, 共通の枠組みで分析を行っている。Mirrlees(1971) は, 効用関数を下記の式のようにコブ=ダグラス型関数であると仮定している。

$$u(c,l) = \log(c) + \log(1-l) \qquad (6.51)$$

この場合には,消費と余暇の代替の弾力性は1となる。Tuomala(1984)

図 6.5: Tuomala(1984) ケース 1

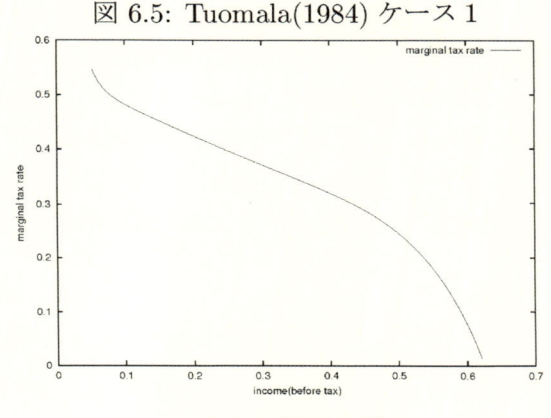

出所　筆者計算

Tuomala(1984) のケース 1 ($v = 0, r = 1$) における最適所得税体系の課税前所得と限界税率の関係を示したものである。

は,Stern(1974) と同様に, 消費と余暇の代替の弾力性が 1 と仮定するのは極端すぎると主張している。Tuomala(1984) は, 効用関数を下記のような関数と仮定している。

$$u(c,l) = -1/c - 1/(1-l) \tag{6.52}$$

この場合, 消費と余暇の代替の弾力性は 0.5 となる。

表 6.3 は,Tuomala(1984) の分析結果を写したものである。最適所得税体系における個人の稼得能力の累積密度と課税前所得と課税後所得の関係を表にしたものである。表 6.3 の第 1 列は, 累積密度を示し, そして, 第 2 列以降は, 最適所得税体系における課税前所得（左側）, 課税後所得（右側）を示している。括弧内は, 追試結果を示したものである。ちなみに,v は社会的厚生関数を示すパラメータであり,r は政府の予算制約を示すパラメータである。図 6.5 は, ケース 1 における課税前所得と限界税率の関係をグラフにしたものである。図 6.5 の横

軸は課税前所得を示し，縦軸は限界税率を示している。図 6.5 から導かれる結論は，以下の通りである。第 1 に，最適所得税体系における限界税率は，現行税制を説明可能な高さを持っている。第 2 に，最適所得税体系における限界税率は，所得に応じて，限界税率が下落していくという意味で逆進的である。第 3 に，両極を除いても，最適所得税体系における限界税率の傾きは，線形近似可能なほど緩やかではない。

6.5.4 Kanbur and Tuomala(1994)

Mirrlees(1971),Tuomala(1984) 等の先行研究は，最適所得税体系が所得の上昇に応じて，限界税率を低下させていくという数値例しか提示していない。それに対して，Kanbur and Tuomala(1994) は，最適所得税体系が所得の上昇に応じて，限界税率を上昇させていく超過累進課税体系を肯定する数値例を提示している。Kanbur and Tuomala(1994) は，稼得能力の分布のパラメータの仮定を除いて，Tuomala(1984) と同じモデルで分析している。稼得能力対数の分布は，平均 (μ)，標準偏差 (σ) の正規分布に従うと仮定している。Mirrlees(1971), Stern(1976),Tuomala(1984) が稼得能力の対数の平均，標準偏差を $(\mu, \sigma) = (-1, 0.39)$ と仮定しているのに対して，Kanbur and Tuomala(1994) は，$\sigma = 0.39, 0.7, 1$ と仮定し，稼得能力の平均が 0.4 となるように μ を調整した上で議論を進めている。

表 6.4 は，Kanbur and Tuomala(1994) の分析結果を写したものである。表 6.4 の第 1 列は累積密度を示し，そして，第 2 列は最適所得税体系の限界税率を示している。ちなみに，v は社会的厚生関数を示すパラメータであり，σ は能力の対数の標準偏差を示すパラメータである。ケース 1 の場合には，所得の上昇に応じて，限界税率は低下していく。この結果は，Mirrlees(1971),Tuomala(1984) の導いた結論と整合的である。それに対して，ケース 2 の場合には，ある一定の所得まで，限界

表 6.4: Kanbur and Tuomala(1994)

v	0	0	0	1	1
σ	0.39	0.7	1	0.39	0.7
累積密度	ケース1	ケース2	ケース3	ケース4	ケース5
0.1	49	60	60	68	73
0.5	45	63	71	62	75
0.9	38	60	73	50	69
0.99	31	37	55	38	50

出所　Kanbur and Tuomala(1994)（限界税率の単位は％である）

図 6.6: Kanbur and Tuomala(1994) ケース2

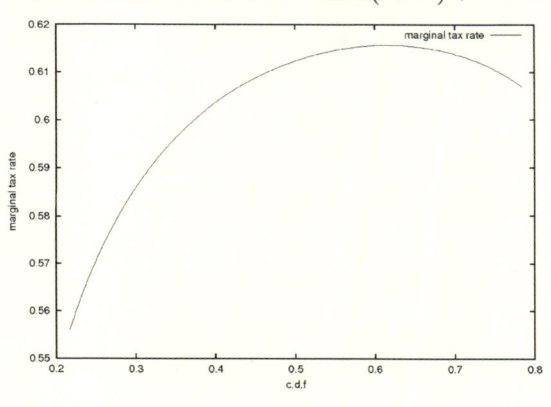

出所　筆者計算

Kanbur and Tuomala(1994) のケース2（$v=0, \sigma=0.7$）における最適所得税体系を示している。横軸は累積密度を示し, 縦軸は限界税率を示している。

税率は上昇する。つまり，最適所得税体系は，超過累進的である。この結果は,Mirrlees(1971),Tuomala(1984) の導いた結論と異なる。図 6.6 は,Kanbur and Tuomala(1994) のケース 2 における最適所得税体系を示したものである。図 6.6 の横軸は累積密度を示し，そして，縦軸は限界税率を示している。最適所得税体系は，ある一定の時点まで，所得の上昇に応じて，限界税率は上昇していく。つまり，最適所得税体系は，超過累進的である。所得の上昇に応じて，限界税率が低下していくという Mirrlees(1971) の主張は否定されることになる。

6.6 分析

6.6.1 線形近似性

　Mirrlees(1971) が示した最適所得税体系は，所得の上昇に応じて，限界税率が低下していく。ただし，その限界税率の傾き[4]は，両極を除いて，緩やかであり，線形近似可能である。それに対して,Tuomala(1984) が示した最適所得税体系の限界税率の傾きは急であり，線形近似不可能である。ここでは，最適所得税体系の線形近似性について，2つの視点から再検討する。第 1 に,Mirrlees(1971),Tuomala(1984) における最適非線形所得税体系と最適線形所得税体系をそれぞれ計算し，その形状を比較する。第 2 に,Tuomala(1984) の最適非線形所得税体系の社会的厚生と最適線形所得税体系の社会的厚生を計算し比較する。

　図 6.7 は,Mirrlees(1971) のケース 1 における最適非線形所得税体系と最適線形所得税体系における課税後所得と課税前所得の関係を比較したものである。図 6.8 は,Tuomala(1984) のケース 2 における同様の比較をしたものである。図 6.7, 図 6.8 の横軸は課税前所得を示し，

---

[4]限界税率の傾きを数学的に表現すると，$\frac{d(1-\frac{dc}{dy})}{dy}$ となる。

第6章 最適所得税論 149

図 6.7: Mirrlees(1971) ケース 1

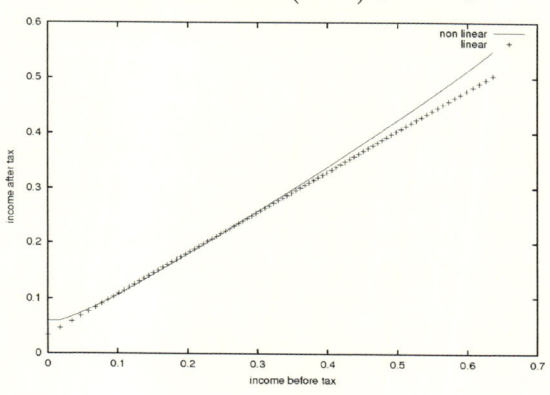

出所　筆者計算

Mirrlees(1971) のケース 1 ($v = 0, r = 0.93$) における最適非線形所得税体系（実線）と最適線形所得税体系（点線）を比較したものである。図の横軸は課税前所得を示し，縦軸は課税後所得を示している。

図 6.8: Tuomala(1984) ケース 2

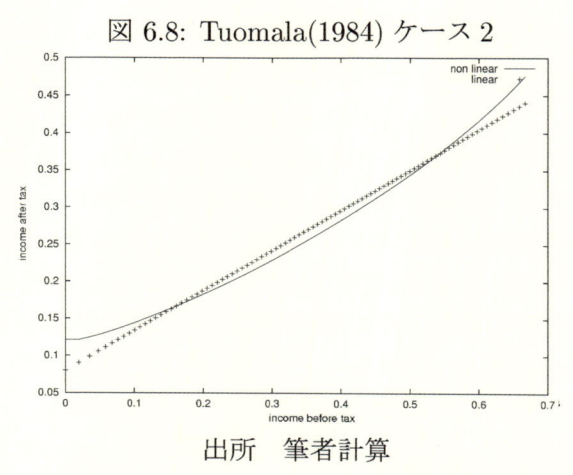

出所　筆者計算

Tuomala(1984) のケース 2 ($v = 0, r = 0.9$) における最適非線形所得税体系（実線）と最適線形所得税体系（点線）を比較したものである。図の横軸は課税前所得を示し，縦軸は課税後所得を示している。

表 6.5: Tuomala(1984)

r	1	0.9	1.1
v	0	0	0
	ケース1	ケース2	ケース3
最適税率	40%	46%	33%
定額移転	0.086	0.0796	0.091
社会的厚生（線形）	-3.53	-3.77	-3.33
社会的厚生（非線形）	-3.52	-3.77	-3.33

出所　筆者計算

そして,縦軸は課税後所得を示している。この図から,以下の結論が導ける。第1に,最適非線形所得税体系は,最適線形所得税体系と比較して,中堅層に税負担が重く,低所得者層,高所得者層への税負担が軽くなる。第2に,Mirrlees(1971) の場合には,最適所得税体系が線形近似可能であるという印象であるが,Tuomala(1984) の場合には,線形近似可能であるという印象ではない。

社会的厚生の側面から,最適非線形所得税体系と最適線形所得税体系を比較する。表 6.5 は,Tuomala(1984) のモデルにおける最適非線形所得税体系の社会的厚生と最適線形所得税体系の社会的厚生を比較したものである。最適税率とは,最適線形所得税体系における税率を示し,定額移転とは,最適線形所得税体系における定額移転を示し,社会的厚生（線形）とは,最適線形所得税体系における社会的厚生を示し,そして,社会的厚生（非線形）とは,最適非線形所得税体系における社会的厚生を示す。ちなみに,v は社会的厚生関数を示すパラメータであり,r は政府の予算制約を示すパラメータである。いずれの場合も,ほとんど差がない。つまり,社会的厚生という側面から考えれば,Tuomala(1984) のモデルにおいても,最適所得税体系は線形近似可能である。

6.6.2 所得補償政策

　先進諸国は，例外なく，所得の上昇に応じて，限界税率が上昇していく所得税体系（以後，累進課税[5]と呼ぶ）を採用している。個人の負担能力に応じて，税を負担することが，所得分配の平等化を促進し，社会的厚生を改善するという論理が，累進課税を支えている。しかし，近年においては，高所得者層に対するあまりにも高い限界税率が，非効率的であるとして，累進課税の見直しが進められている。議論は公平を重視する側に立つ場合には，累進課税を支持し，そして，効率を重視する側に立つ場合には，累進課税の見直しを支持することになる。

　前項で示したように，最適所得税論は，Kanbur and Tuomala(1994) を除いて，累進課税を支持していない。この結論は，社会的厚生関数を公平を重視するものに変更しても変わらない。また，Kanbur and Tuomala(1994) は，累進課税を支持するケースを示しているが，限界税率の上昇の傾きは緩やかであり，限界税率の上昇の傾きが急である現実の所得税体系を説明できるケースを示していない。

　累進課税を支える論理と最適所得税論の結論との相違は，何に由来するのだろう。最適所得税論は，社会的厚生を最大化する所得税体系と同時に，所得補償政策を内生的に決定している。それに対して，累進課税を支持する論理は，所得補償政策を与件として，または，所得補償政策を無視して，一定の税収制約を満たした上で，社会的厚生を最大化する所得税体系を求めているのではないだろうか。この相違が，異なる結論を導いているのではないだろうか。

　ここでは，Stern(1976) の枠組みを前提として，税収関数 (t) を 2 次関数に変更したものを利用して分析する。

$$t(y) = -TR + t_1 y + t_2 y^2 \tag{6.53}$$

---

[5]厳密な表現は，超過累進課税である。

表 6.6: 2次関数

v	1	1	-1	-1	-1	-1
R	0	0.05	0	0.05	0.05	0.05
e	0.4	0.4	0.4	0.2	0.4	0.6
					ケース1	
TR	0.061	0.022	0.123	0.131	0.099	0.069
t_1	0.27	0.296	0.554	0.666	0.628	0.533
t_2	-0.11	-0.1042	-0.1708	0	-0.1674	-0.1784

出所　筆者計算

表 6.7: 所得補償政策を与件とする場合

TR	0.01	0.02	0.05	0.08	0.11
	ケース2				ケース3
t_1	0.0205	0.0986	0.2962	0.5014	0.7223
t_2	0.7336	0.5876	0.3028	0	-0.3441

出所　筆者計算

　表6.6は，税収関数を2次関数とした場合における最適所得税体系を計算した結果である．この表で注目すべき点は，t_2 が常に負となっている点である．つまり，最適所得税体系は，所得の上昇に応じて，限界税率が低下していくものとなる．この結論は，最適所得税論の先行研究と整合的である．

　表6.6では，所得税率と所得補償政策を同時に決定する場合の最適所得税体系を分析してきたが，現実の税制改革の論議では，所得補償政

表 6.8: 社会的厚生関数

v	1	0.5	-1	-2
	ケース 4			ケース 5
t_1	0.21	0.13	0.03	0.01
t_2	0.0366	0.318	0.696	0.777

出所　筆者計算

策を与件として, 社会的厚生を最大化する最適所得税体系を求めているのではないだろうか。表 6.7 は, ケース 1 のパラメータを前提に, 定額移転 (TR) を与件とした場合の最適所得税体系を計算した結果である。定額移転 (TR) がケース 2 のように過少（最適な定額移転と比較して）な場合には, t_2 は正になる。つまり, 所得の上昇に応じて, 限界税率が上昇していく累進課税が, 最適所得税体系となる。また, 定額移転 (TR) がケース 3 のように過大な場合には, t_2 は負になる。つまり, 所得の上昇に応じて, 限界税率を低下していく税体系が, 最適所得税体系となる。

表 6.8 は, ケース 1 のパラメータで, 定額移転を与件として, 社会的厚生関数を変化させたときの最適所得税体系が, いかに変化するのかについて分析した結果をまとめたものである。ケース 4 ($v = 1$) のように社会的厚生関数が効率を重視するものである場合には, 最適所得税体系は $t_2 = 0.0366$ とほぼ線形近似可能である。ケース 5 ($v = -2$) のように社会的厚生関数が公平を重視するものである場合には, 最適所得税体系は $t_2 = 0.777$ と累進課税となる。効率を重視する立場に立つ場合には, 累進課税の見直しを支持し, そして, 公平を重視する立場に立つ場合には, 累進課税を支持することになる。

6.7　まとめ

　最後に, 2点ほど今後の課題を指摘して, 議論を閉じることにする。第1に, この章には, パラメータの吟味がなかったため, 日本の所得税体系へのメッセージが存在しない。今後の課題として, 日本の現実を踏まえた上で, 分析するべきである。第2に, 所得のばらつきは, 能力だけに由来するわけではなく, 運不運にも由来するはずである。今後の課題として, 不確実性の要素も考慮した上で分析を進めるべきである。

あとがき

　2人の恩師に感謝を示すことで，あとがきにかえたいと思う。1人目の恩師は，「やわらぎ書房」という本屋を経営していた福嶋さんである。本と言えば，漫画しか読まなかった僕に，知的世界が存在することを教えてくれた人である。毎日，拙い議論に，納得できるまで，何時間もつきあっていただいた。今考えると，営業妨害だったと思うと同時に，福嶋さんと同様のことが，自分にできるのかと考えると，本当に，頭の下がる思いがする。また，経済学部へと進学したのは，経済学部出身の福嶋さんの影響である。

　2人目の恩師は，田近栄治一橋大学教授である。大学院とは，有能，かつ，勤勉な学生が，自らの力で，学問を獲得する場である。無能な者，怠惰な者は，消え去るのみである。無能，かつ，怠惰な学生であった僕が，学位を取得できたのは，大学院時代，助手時代を通じての田近先生の親身の指導に由来するのである。また，ポスドク時代には，経済的に立ちゆくように，全国銀行協会，国立社会保障・人口問題研究所，財務省財務総合研究所の仕事を紹介していただいた。それらの仕事を紹介していただけなければ，今ごろ，別の人生を歩んでいたはずである。

　最後に，拙い博士論文を審査していただいた山重慎二先生，佐藤主光先生，阿部修人先生，石村直之先生，多くの研究者が，研究に費やす時間をつくることに苦労されているのに対して，研究に専念できる環境をつくっていただいている福岡大学経済学部のスタッフの皆様，本書の出版のための推薦状を書いて頂いた伊佐勝秀一橋大学専任講師，そ

して，父昭，母美恵子，弟裕，そして，今は亡きギャルソンに感謝を示したい。

　　柳橋にて

　本書は，2001年3月，一橋大学より，博士号を授与された「動学的最適所得税論」を2004年度福岡大学学位論文出版助成の援助を受けて，出版したものである。

関連図書

[1] 井堀利宏 (1996)『公共経済の理論』有斐閣

[2] 入谷純 (1986)『課税の最適理論』東洋経済新報社

[3] 小川一夫 (1985)「恒常所得仮説と住宅投資」『国民経済雑誌』152 巻 2 号,pp.61-86

[4] 川上一郎 (1989)『数値計算』岩波書店

[5] 小西砂千夫 (1997)『日本の税制改革』有斐閣

[6] 今野浩, 山下浩 (1978)『非線形計画法』日科技連

[7] 柴田章久, 竹田之彦 (1998)「経済学における微分ゲーム理論の応用について」『経済学雑誌』98 巻 4 号

[8] 西岡英毅 (1995)「経済成長モデルの数値解法」『大阪府立大学経済研究』40 巻 2 号,pp.171-200

[9] 羽森茂之 (1996)『消費者行動と日本の資産市場』東洋経済新報社

[10] ハワード (1971)『ダイナミックプログラミングとマルコフ過程』培風館

[11] 三野和雄 (1988)『マクロ経済動学研究』広島大学経済研究双書

[12] 宮川敏治 (1994)「最適資本所得税と分配問題」『関西学院経済学研究』,pp.1-24

[13] 山田雅俊 (1991)『現代の租税理論』創文社

[14] Abreu,Dilip,David Pearce and Ennino Stacchetti(1990) "Toward a Theory of Discounted Repeated Games with Imperfect Monitoring",*Econometrica*,vol.58(5),pp.1041-1063

[15] Amman,Hans M. David,A.Kendrick and John Rust(1996) *Handbook of Computational Economics*,Elsevier

[16] Atkeson,Andrew,V.V.Chari and Patrick J.Kehoe(1999) "Taxing Capital Income",*Federal Reserve Bank of Minneapolis Quarterly Review*,vol.23,no.3,pp.3-17

[17] Benhabib,Jess and Aldo Rustchini(1997) "Optimal Taxes without Commitment",*Journal of Economic Theory*,vol.77,pp.231-259

[18] Bernheim,B.Douglas.(1981) "A Note on Dynamic Tax incidence",*Quarterly Journal of Economics*,vol.96,pp.705-723

[19] Chamley,Christophe(1981) "The Welfare Cost of Capital Income Taxation in a Growing Economy",*Journal of Political Economy*,vol.89,pp.468-496

[20] Chamley,Christophe(1986) "Optimal Taxation of Capital Income in General Equilinrium with Infinite Lives",*Econometrica*,vol.54,pp.607-622

[21] Chang,Roberto(1998) "Credible Monetary Policy in a infinite horizon model",*Journal of Economic Theory*,vol.81,pp.431-461

[22] Coleman,Wilbur John(2000) "Welfare and Optimum Dynamic Taxation of Consumption and Income",*Journal of Public Economics*,vol.76,pp.1-39

[23] Correia,Isabel H.(1996)"Should Capital Income be Taxed in the Steady State?",*Journal of Public Economics*,vol.60,pp.147-151

[24] Fischer,Stanley(1980) "Dynamic Inconsistency, Cooperation and the Benevolent Dissembling Government",*Journal of Economic Dynamics and Control*,vol.2,pp.93-107

[25] Gruner,Hans Peter and Burkhard Heer(2000) "Optimum Flat Rate Taxes on Capital",*Oxford Economic Papers*,vol.52,pp.289-305

[26] Hansen,Lars Peter and Kenneth J.Singleton(1983) "Stochastic Consumption,Risk Aversion,and the Temporal Behavior of Assets Returns",*Journal of Political Economy*,vol.91,no.2,pp.249-265

[27] Jones,Larry E.,Rodolfo E.Manuelli and Peter E. Rossi(1993) "Optimal Taxation in Models of Endogeneous Growth",*Journal of Political Economy*,vol.101

[28] Judd,Kenneth L.(1998)*Numerical Method in Economics*,MIT Press

[29] Kemp,Murray C., Ngo Van Long and Koji Shimomura(1993) "Cyclical and Nocyclical Redistribute Taxation",*International Economic Review*,vol.34,pp.415-429

[30] King,Robert G. and Sergio T.Rebelo(1990) "Public Policy and Economic Growth",*Journal of Political Economy*,s.126-150

[31] Kydland,Finn E. and Edward C. Prescott(1980) " Dynamic Optimal Taxation, Rational Expectations and Optimal Control",*Journal of Economic Dynamics and Control*,vol.2,pp.79-91

[32] Lucas,Robert E.(1990) " Suply-Side Economics",*Oxford Economic Papers*,vol.42,pp.293-316

[33] Mankiw,N. Gregory, Julio J. Rotemberg and Lawrence H. Summers(1985) " Intertemporal Substitution in Macroeconomics",*Quarterly Journal of Economics*,pp.225-251

[34] Marcet,Albert and Ramon Marimon(1999) " Recursive Contracts",Mimeo

[35] Mirrlees,James(1971) " An Exploration in the Theory of Optimal Income Taxation ", *Review of Economic Studies*,vol.38,pp.175-208

[36] Mulligan,Casey B. and Xavier X. Sala-i-Martin(1993) " Transitional Dynamics in Two-sector Models of Endogeneous Growth",*Quarterly Journal of Economics*,pp.739-773

[37] Ordover,Janusz A.(1976) " Distributive Justice and Optimal Taxation of Wages and Interest in a Growing Econmy",*Journal of Public Economics*,vol.5,pp.139-160

[38] Ordover,J. A. and Edmund S. Phelps(1975) " Linear Taxation of Wealth and Wages for Intergenerational Lifetime Justice: Some Steady-State Cases",*American Economic Review*,vol.65,pp.660-673.

[39] Ordover,Janusz A. and Edmund S.Phelps(1979) " The Concept of Optimal Taxation in the Overlapping-generations Model of Capital and Wealth",*Journal of Public Economics*,vol.12,pp.1-26

[40] Phelan,Christopher and Ennino Stacchetti(1999) " Sequential Equilibrium in a Ramsey Tax Model", *Federal Reserve Bank of Minneapolis Research Depertment Staff Report*,no.258

[41] Rustchini,Aldo(1998) " Lagrange Multipliers in Incentive-constrained Problems",*Journal of Mathematical Economics*,vol.29,pp.365-380

[42] Ljungqvist,Lars and Thomas J. Sargent(2000)*Recursive Macroeconomic Theory*,MIT Press

[43] Stern,Nicholas(1976) " On the Specification of Models of Optimum Income Taxation ",*Journal of Public Economics*,vol.6,pp.123-162

[44] Tuomala,Matti(1984)"On the Optimal Income Taxation",*Journal of Public Economics*, vol.23,pp.351-366

[45] Varian,Hal R.(Ed.)(1993)*Economic and Financial Modeling with Mathematica*, Springer

索 引

移行経路 1, 3, 4, 9, 15, 24, 28, 29, 38, 39, 42, 44, 47, 60, 94, 107
移行経路を含めた分析 1, 4, 6, 11, 19, 24, 118, 119, 123, 124
異時点間の代替の弾力性 65, 66, 93, 113
位相図 3
王朝モデル 102
外生的成長モデル 5, 25
解析的 27, 47, 49, 51, 60, 80, 102, 107, 108
開ループ 1, 7, 9-11, 14, 16, 17, 49, 79, 80, 87, 94
課税後所得 120, 130, 133, 140, 145
課税後の賃金 25, 38
課税後の利子率 25, 38, 51, 55, 67, 82, 95, 103, 105
課税前所得 129, 130, 140, 141, 145, 146, 148

稼得能力 127, 129
逆進的 143
逆進的課税体系 20, 127
逆無税国家政策 73
均衡間の比較による分析 1, 2, 4, 6, 11, 18, 24, 29, 34, 37, 42, 60, 107, 118, 119, 121, 123
経済的厚生 15
限界税率 20, 127, 139, 141, 143
現行税制 20, 127
現実の所得税体系 127
公的資本 47, 49
効用関数 24, 26, 36, 38, 52, 82, 103, 104, 129, 133, 142
国債 53, 54, 57-66, 69, 73
再帰的手法 11, 17, 79, 82, 87, 93
財政黒字 55, 58, 69, 72
財政余剰 14, 48, 51

最適所得税体系 20, 101, 127, 135, 136, 139-141, 143, 144
最適所得税論 18, 99, 101, 102, 112, 127, 128

自己生成 88
資産格差 103
資産保有量 99, 100, 108, 112
実現可能な課税計画 133
資本家 10, 16, 79, 81, 90, 92, 97
資本人的資本比率 38
資本所得税 1, 2, 4, 7, 9, 10, 11, 13, 15-19, 23, 27, 34, 40, 41-43, 47, 49, 51, 54, 57, 61, 66, 68-77, 79, 80, 85, 97, 100-103, 105, 106, 109, 112-126
資本蓄積 15-17, 19, 27, 38, 48, 58, 68, 69, 75, 79, 94, 100, 105, 114
資本労働比率 26
社会的厚生 1, 7, 9, 11, 16, 18, 20, 79, 87, 101, 102, 127
社会的厚生関数 84, 93
重複世代モデル 101, 102
主観的割引率 25, 35, 52, 65, 93, 103, 113
消費人的資本比率 28, 31

消費と余暇の代替の弾力性 128
消費の限界効用 26, 52, 104
将来の課税政策を拘束できない場合 1, 9, 10, 16, 17, 79, 87
将来の課税政策を拘束できる場合 1, 7, 9, 10, 14, 16, 17
所得税体系 127
人口成長率 26
人的資本 26
数値解析 15, 30, 33, 47, 60, 62-64, 100, 102, 108-113, 128, 136
静学的税収中立的税制改革 43
政策関数 86, 88, 95
生産関数 24, 26, 36, 47, 52, 83, 104, 105, 133
税収中立的税制改革 23, 24, 38, 40, 43
税制改革 2, 4, 18, 60
税率の上限 50
世代間パレート効率的課税政策 102
線形近似 141
線形近似可能 20, 127, 139, 141, 143
増税期間 8, 15, 47, 49, 51, 54, 55, 57-59, 61-77, 80,

81
代表的個人の経済的厚生 2, 4, 6, 8-11, 15, 16, 23, 34, 35, 41-43, 47, 49, 51, 65, 69, 71, 73, 75, 114, 117
超過累進課税体系 21, 128, 146
超過累進的 127
定額移転 19, 20, 25, 51, 53, 100, 103, 105, 121, 128
定常均衡 1, 2, 4, 8, 9, 11, 14, 16, 18, 23, 29, 34, 42, 43, 48, 49, 54, 55, 58, 60-62, 66, 67, 69, 71, 82, 100, 106, 109, 110, 114, 117, 121
定常状態 79, 85, 86, 94, 97, 101
動学ゲーム 80
動学的一般均衡理論 1
動学的整合的課税政策 88
動学的税収中立的税制改革 43
動学的非整合性 11, 16, 79
動学的非整合的課税政策 81
動学的分析 29, 108
投資収益率 54, 58, 67
内生的成長 5
内生的成長モデル 6, 8, 25, 49
2人経済 79, 97

非線形微分方程式 28, 29, 31, 58, 60-62, 64, 108, 111, 136, 137
非線形連立微分方程式 29, 30, 47, 57, 58, 61, 63, 105, 107-110, 136
評価関数 86, 88-90, 92, 94, 95
閉鎖経済 51
閉ループ 1, 9-11, 16, 17, 79, 80, 97
マキシミン原理 101
マクロ 105, 107, 109, 110, 119
ミクロ 107, 109, 121
未知数 30-32, 54, 57, 59-61, 63, 64, 107-111, 136
無差別曲線 151
無税期間 15, 16, 48, 55, 57-59, 61, 62, 64, 65, 67-69, 73
無税国家政策 15, 16, 43, 47, 51, 53-56, 58, 61, 62, 65, 66, 68-70, 71, 73, 75
誘因整合制約 128, 129, 133, 134
余暇の限界効用 26
離散化 80, 82, 90, 97
労働供給が弾力的 7, 10, 23, 25, 30, 34, 49, 51, 97

労働供給が非弾力的 8, 23, 25, 30, 34, 49, 51
労働者 10, 16, 79, 82, 97
労働所得税 2, 7, 10, 11, 18, 23, 27, 34, 35, 40, 41, 45, 49, 51, 53, 54, 56, 80, 99, 101, 102

〈著者略歴〉

古 谷 泉 生（ふるたに・いずみ）

1994年　慶応義塾大学経済学部卒業。
2000年　一橋大学経済学研究科博士課程単位取得退学。
同　年　一橋大学経済学部助手。
2001年　経済学博士（一橋大学）。
2002年　財務省財務総合政策研究所研究官。
2004年　福岡大学経済学部助教授，現在に至る。
2005年　国税庁税務大学校客員教授委嘱。

どうがくてきさいてきしょとくぜいろん
動学的最適所得税論

2005年6月10日　初版発行

著　者　古　谷　泉　生
発行者　谷　　隆　一　郎
発行所　㈶九州大学出版会
　　　　〒812-0053　福岡市東区箱崎7-1-146
　　　　　　　　　　　　　　　　　九州大学構内
　　　　電話 092-641-0515（直通）
　　　　振替 01710-6-3677
印刷／九州電算㈱・大同印刷㈱　製本／篠原製本㈱

© 2005 Printed in Japan　　　　　　ISBN4-87378-864-1